AF261818

BIOGRAPHIE

DU

COLONEL LANGLOIS

COMMANDEUR DE L'ORDRE DE LA LÉGION D'HONNEUR

Décoré de l'Ordre du Medjidié

FONDATEUR ET AUTEUR DES PANORAMAS MILITAIRES

PAR

E. CH. BOURSEUL

OFFICIER RETRAITÉ, CHEVALIER DE LA LÉGION D'HONNEUR

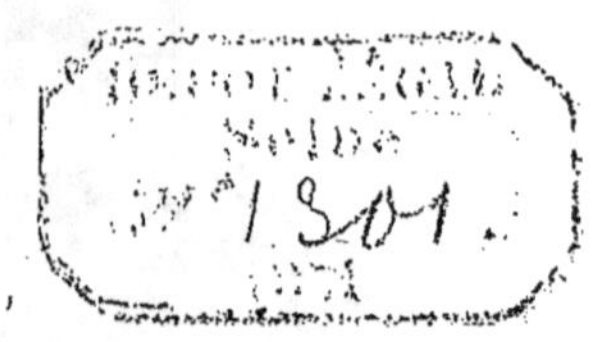

PARIS

IMPRIMERIE ADMINISTRATIVE DE PAUL DUPONT

Rue Jean-Jacques-Rousseau, 41.

1874

INTRODUCTION

Avant de retracer la vie et les œuvres du colonel Langlois, citons
un fait capital auquel la modestie bien connue de l'éminent artiste
n'a pas permis de donner, de son vivant, toute la publicité dési-
rable.

Comme peintre de batailles, le colonel Langlois a un mérite exceptionnel, une gloire que, dans ce genre, on pourrait appeler unique,
puisqu'elle est sans égale et ne connaît de rivaux ni parmi les
devanciers ni parmi les contemporains de l'auteur des *Panoramas
militaires*.

On sait, en effet, que la manière la plus ordinairement employée
par les peintres, même les plus illustres, consiste à disposer au premier plan de leurs tableaux, sur un simple carré de toile placé ensuite dans un cadre, quelques épisodes de l'action principale; mais
on donne improprement à ces tableaux les noms des batailles célèbres; car si achevée que soit d'ailleurs l'œuvre de l'artiste, sous le
rapport du talent et même du génie, elle ne peut nécessairement
offrir aux yeux et à l'esprit du spectateur qu'une idée imparfaite et
inexacte de l'action aussi incomplétement reproduite sur un espace
de quelques mètres à peine, tandis que le champ de bataille qui en
fut le théâtre comptait lui-même plusieurs lieues d'étendue.

L'innovation, introduite par le colonel Langlois, à la suite de recherches et d'études persévérantes, changea entièrement la face des
choses : — Dans ses vastes compositions, en effet, ce ne sont pas

seulement des épisodes, c'est la bataille elle-même, avec tout son ensemble et tous ses détails, qui, sous la puissance d'un pinceau magique, apparaît aux yeux du spectateur ravi de surprise et d'admiration.

Quelle que soit l'étendue du champ de bataille, il est là tout entier, comme dans la nature elle-même, avec ses plaines, ses montagnes, ses villages, ses églises, ses monuments, ses maisons, ses arbres, etc., et les horizons sans limites qui s'étendent au delà. Ensemble et détails sont étudiés, dans l'intérêt d'une vérité parfaite, avec un soin scrupuleux ; le tout est pris sur place avec des instruments photographiques perfectionnés (1), de la plus grande précision, et reporté ensuite, à l'aide du pinceau, sur la toile circulaire — (c'est-à-dire sans commencement ni fin) — de la vaste rotonde, par des artistes choisis placés sous l'habile direction du maître qui les utilise suivant leur aptitude et leur spécialité.

Les troupes de toutes armes sont relevées sur les rapports officiels, et, françaises, alliées ou ennemies, elles figurent toutes, fussent-elles par centaines de mille, dans les positions qu'elles occupaient pendant la bataille.

Bientôt l'illusion gagne l'esprit du spectateur qui, au bout de quelques instants d'une contemplation muette, est tout près de s'imaginer que ce n'est plus l'image du champ de bataille, mais le champ de bataille lui-même qu'il a sous les yeux.

Telle est, en résumé, la cause de la popularité prodigieuse qu'ont obtenue les Panoramas militaires du colonel Langlois, à Paris, en province et à l'étranger, popularité qui, en 1867, à l'époque de l'Exposition universelle, a pénétré jusqu'aux nations du globe les plus éloignées et les moins familières avec les arts et les mœurs de l'Europe.

---

(1) La photographie n'a été utilisée que pour le siége de Sébastopol et la bataille de Solferino. Auparavant M. Langlois relevait exclusivement par le dessin sur place les lieux des événements qu'il allait représenter panoramiquement. — On sait que l'invention de la photographie est postérieure à 1842.　　　L.

Mais suspendons, pour quelques instants, l'appréciation des pages grandioses de peinture militaire qui ont fait la renommée du colonel Langlois, pages si chères aux sympathies du peuple et de l'armée — sans doute parce qu'à la suite de nos revers et au milieu de nos regrets, elles avaient pour nous le charme et la consolation du souvenir, — et essayons de retracer la vie elle-même de l'artiste-soldat si bien ispiré qui en fut le patriotique auteur.

Le colonel Langlois savait que lorsque l'esprit militaire se retire des nations qui furent grandes par les armes, ces nations tombent en décadence, ainsi que l'enseigne le livre de l'histoire, et il s'efforçait d'entretenir, autant qu'il était en lui, le feu sacré de cet esprit par l'admiration générale que faisait naître la reproduction fidèle des hauts faits des soldats de la République et de la Grande-Armée, hauts faits de date encore assez récente lorsque apparurent les Panoramas militaires.

Ajoutons que cette admiration déjà si naturelle, en raison du sujet qui l'inspirait, était dominée et stimulée encore par l'attrait puissant et nouveau d'une ressemblance et d'une vérité jusque-là inconnues en pareille matière, et l'on comprendra pourquoi, à chaque Panorama, la foule des spectateurs se renouvelait sans cesse, et comment plusieurs années consécutives d'exposition ne pouvaient suffire à satisfaire sa curiosité.

Le colonel Langlois a suivi deux carrières, il y a en lui deux hommes : le soldat et l'artiste. — Essayons d'analyser ses deux existences.

BIOGRAPHIE MILITAIRE

Né le 22 juillet 1789, à Beaumont-en-Auge (Calvados), Jean-Charles Langlois entra le 14 septembre 1806, à l'âge de dix-sept ans, à l'École polytechnique.

Le bruit des hauts faits de la Grande Armée retentissait alors dans toute la France.

Dix élèves de l'École que nous venons de nommer, sollicitant la faveur de devancer leur admission au service, demandèrent à faire campagne et on le leur accorda. Le jeune Langlois, qui était du nombre, fut nommé sous-lieutenant au 5e régiment d'infanterie de ligne, le 9 mai 1807, huit mois après son entrée à l'École ; il n'avait pas dix-huit ans alors.

Lieutenant au choix, le 17 juillet 1809, il assistait à la bataille de Wagram en qualité d'aide de camp du général Plauzonne, qui fut tué plus tard à celle de la Moskowa.

Nommé capitaine au 67e de ligne, le 19 avril 1812, il prenait en 1813 le commandement d'une compagnie de grenadiers de ce régiment, et passait, le 26 mai 1814, au 1er régiment de grenadiers de la Vieille Garde, en qualité de capitaine, aide de camp du général Petit, commandant le corps, position qui lui donnait, à vingt-cinq ans moins quelques mois, le rang de chef d'escadron.

— Voici en quels termes honorables le colonel du 67e de ligne s'exprimait dans son ordre du jour, au moment où le capitaine Langlois quittait ce régiment dont il avait été appelé, pendant un certain temps, à commander un bataillon :

« Cet officier est d'une bravoure à toute épreuve. On ne l'a jamais
« vu douter un moment, dans les circonstances les plus périlleuses,
« sur le parti le plus sage à prendre. Il s'est fait remarquer dans

« toutes les affaires que le régiment a eues depuis son entrée en Ca-
« talogne.

« Cet officier joint en outre à sa grande bravoure des connais-
« sances profondes dans la fortification, les mathématiques et le
« dessin. »

Enfin, le capitaine Langlois assistait à la bataille de Waterloo, où
il fut blessé et eut deux chevaux tués sous lui.

Il commandait à cette bataille une des faces du carré des grenadiers de la Vieille Garde au milieu duquel l'empereur, qui lui-même
l'avait désigné à cet effet, s'était enfermé.

Il comptait alors neuf campagnes de guerre, savoir :

1807 et 1808 en Dalmatie ;

1809 et 1810 en Allemagne et en Illyrie ;

1811, 1812 et 1813 en Espagne ;

1814 et 1815 en France.

Pendant les campagnes d'Espagne, le capitaine Langlois fut cité à
l'ordre de l'armée comme s'étant particulièrement distingué au siége
de Figuères, ainsi qu'aux affaires de Ridoure et de Saint-Privat.

Chargé, d'après les ordres du maréchal duc de Raguse de travaux de routes et de fortifications, en Dalmatie et au Castelli, il eut
également mission de construire en Catalogne le fort d'Olot, où il
eut plusieurs attaques sanglantes à soutenir contre les Espagnols.

Total des services sous l'Empire :

Neuf campagnes ; — une blessure ; — deux chevaux tués sous
lui par le boulet ; — une citation à l'ordre de l'armée.

Au licenciement de la Vieille-Garde, qui eut lieu en même temps
que celui de l'armée de la Loire, les opinions du capitaine Langlois
le firent mettre en surveillance à Bourges, et sa position dans la
Garde ne fut pas reconnue. Il chercha alors dans l'étude de l'art de
la peinture un moyen de conserver sa foi politique et son indépen-
dance.

En 1817 il revint à Paris, où il reçut des leçons d'Horace Vernet,
de Girodet et, plus tard, du baron Gros.

« Ce fut pour moi le temps des dures épreuves, » disait plus
tard le colonel Langlois, dans l'intimité, lorsque le succès eut
couronné ses efforts ; — « n'ayant pour toute ressource que neuf
« cents francs de demi-solde, je vécus près de trois ans dans un
« grenier, mangeant du pain sec et buvant de l'eau ; mais je ne me
« décourageai pas ; je travaillai avec ardeur et persévérance, et
« je finis par arriver. »

En 1819, le capitaine Langlois passa dans le corps de l'état-major général de l'armée et fut attaché comme aide de camp au maréchal Gouvion Saint-Cyr, au moment où ce dernier quittait le ministère de la guerre.

En 1830, il fut nommé chef d'escadron dans le même corps, fit comme volontaire la campagne d'Alger, et commanda l'avant-garde du général Achard à l'affaire de Staouëli.

En 1833 il fut attaché, en sa qualité de chef d'escadron d'état-major, au maréchal marquis Maison, alors ambassadeur à Saint-Pétersbourg.

En 1836, il fut nommé-lieutenant colonel et employé comme tel à l'état-major du ministère de la guerre, sous les généraux Bernard et Schneider, et sous le maréchal Soult.

En 1840, il fut élevé au grade de colonel, attaché en cette qualité au dépôt de la guerre, puis adjoint au Comité consultatif d'état-major, jusqu'à l'époque de son admission à la retraite, qui eut lieu en 1859. Pendant quatre années consécutives (de 1845 à 1848) il présida constamment la première section des examens pour l'École d'application d'état-major.

DÉCORATIONS

Chevalier de l'ordre de la Légion d'honneur, — en 1814.
Officier du même ordre, — en 1832.
Commandeur, — en 1860.
Décoré de l'ordre du Medjidié en 1856, à l'occasion de la campagne de Crimée.

Voilà pour la biographie militaire du colonel Langlois. — Nous allons maintenant essayer de retracer celle du soldat-artiste, devenu peintre de batailles ; mais, avant tout, couronnons le récit qui précède par celui d'un fait digne de remarque consigné dans la vie du vénérable colonel, et qui, comme souvenir historique, mérite d'être rappelé :

Servant au premier régiment de grenadiers à pied de la Vieille Garde, et attaché, comme nous l'avons déjà dit, en qualité d'aide de camp, au général Petit; le capitaine Langlois assistait aux adieux de Fontainebleau, illustrés par un tableau devenu célèbre.

Lorsqu'à la suite de ces adieux, le général Drouot vint apporter au général Petit, de la part de l'Empereur, le drapeau qui avait reçu le dernier baiser de Sa Majesté, le général Petit, craignant qu'on ne lui ravît ce drapeau glorieux et vénéré, le confia à la garde du capitaine Langlois, qui le mit en lieu sûr et le conserva religieusement jusqu'à des temps plus propices.

Ce fut ainsi que le drapeau de la Vieille-Garde fut mis à l'abri des tentatives de la réaction violente qui triomphait alors et qui, si elle fût parvenue à s'en emparer, n'eût pas manqué de le détruire.

C'était l'aigle de ce drapeau que, naguère encore, on voyait à Paris planer au-dessus des rangs des vieux soldats de la Grande-Armée, ses compagnons de gloire d'autrefois, lorsque ces vétérans, débris des héroïques régiments qui avaient combattu pour la France sur tous les champs de bataille de l'Europe, se réunissaient en corps, à certaines époques mémorables, pour célébrer quelque pieux anniversaire.

BIOGRAPHIE ARTISTIQUE

Après avoir étudié la peinture dans les circonstances que nous avons indiquées et sous les maîtres illustres dont nous avons cité les noms, le capitaine Langlois passa avec son grade dans l'état-major général de l'armée, obtint de l'avancement et fut chargé de missions qui, de temps en temps, lui laissèrent le loisir d'aller étudier sur les champs de bataille les opérations qui avaient élevé si haut la gloire de nos armes.

Son premier tableau, représentant la *Bataille de Sediman*, parut au salon de 1822 et lui valut une médaille d'or. Il exposa successivement, à partir de 1824, plusieurs œuvres remarquables, parmi lesquelles nous citerons : le *Passage du Lecq* et celui de l'*Arrabispo;* — le *Passage de la Bérésina ;* — les *Batailles de Smolensk* et de la *Moskowa ;* — le *Combat de Champaubert ;* — les *Batailles de Montereau* et de *Toulouse ;* — les *Combats de Navarin* et de *Sidi-Ferruch*, etc., etc. Plusieurs de ces tableaux furent achetés par le ministre de l'intérieur.

En 1826, il vit pour la première fois un panorama de *Pierre Prévost*. C'était celui d'Athènes, l'un des plus beaux qu'eût exécutés le célèbre paysagiste. Cette vue fut pour lui tout une révélation. Frappé de l'espace immense qui se déroulait devant lui, il songea dès lors à la possibilité de représenter, dans toute leur exactitude et leur fidélité historique, les grandes batailles de la République et de l'Empire, que, jusque-là, nul autre tableau n'avait pu rendre. Soutenu par cette pensée que la religion n'a pas seule son martyrologe, mais que le salut de la patrie et sa gloire militaire ont aussi le leur, il voulut illustrer et consacrer dans le cœur du peuple le souvenir des morts tombés sur ces champs de bataille, et s'efforcer de perpétuer, autant qu'il était en lui, l'admiration due à leur mémoire.

Ce fut alors que le capitaine Langlois (promu au grade de chef d'escadron d'état-major), fit élever, rue des Marais-du-Temple, le panorama le plus vaste que l'on eût encore vu. Il y exposa successivement : — en 1830, la *Bataille navale de Navarin ;* — en 1833, la *Prise d'Alger ;* — et, en 1835, la *Bataille de la Moskowa*, que les Russes de distinction, qui la visitaient appelaient le massacre de Borodino, et dont l'image remplissait l'âme des vainqueurs, comme celle des vaincus, de l'émotion la plus profonde.

On verra plus loin, au chapitre intitulé : *Origine des Panoramas,* quels furent les efforts soutenus de l'officier artiste, et les études persévérantes auxquelles il dut se livrer pour arriver au succès de ses espérances. — Disons tout de suite que les panoramas de batailles dont il s'agit n'avaient aucun rapport avec les panoramas de nature morte qui avaient été exposés jusqu'alors. Le point de vue, la toile, l'éclairage et jusqu'au mode de peinture dont parlait le rapport à l'Institut, sur les premiers panoramas, tout était différent, plus simple, et rentrait dans les voies bien connues de la science et de la peinture d'histoire.

Après l'exposition de la *Bataille de la Moskowa,* le panorama fut transféré aux Champs-Élysées, dans une rotonde bâtie au carré de Marigny et qui devint en 1855, lors de l'Exposition universelle, l'une des annexes du palais de l'Industrie. Cette rotonde a été reconstruite depuis sur l'emplacement qu'elle occupe aujourd'hui, et fait pendant au cirque de l'Impératrice.

Aux panoramas que nous venons de citer plus haut succédèrent (toujours dans la rotonde du carré de Marigny, annexée en 1855 au palais de l'Industrie), en 1839, l'*Incendie de Moscou ;* — en 1843, la *Bataille d'Eylau ;* — et, en 1849, la *Bataille des Pyramides.*

En 1860, la *Prise de Sébastopol,* à laquelle succéda, en 1865, la *Bataille de Solferino,* inaugura la nouvelle et magnifique rotonde des Champs-Élysées.

Pour la composition de ces toiles immenses qui, suivant une expression heureuse, n'ont ni haut ni bas, ni commencement ni fin, et sont ainsi l'image de l'infini, le commandant Langlois, devenu lieutenant-colonel, puis colonel d'état-major, entreprit plusieurs voyages et alla esquisser les batailles que nous venons d'indiquer sur les lieux mêmes qui en avaient été le théâtre.

C'est ainsi qu'il visita successivement la Grèce, l'Algérie, la Russie, l'Égypte, la Crimée et l'Italie.

Le colonel Langlois se proposait d'exécuter le panorama de Marengo, et bien qu'âgé de plus de quatre-vingts ans, il s'était rendu, en 1868, dans la plaine portant ce nom célèbre, pour y faire les études nécessaires, mais la mort vint l'empêcher de couronner sa tâche par cette bataille si glorieuse entre toutes, pour les armes de la France, et dont il eût été heureux de faire revivre le patriotique souvenir.

Et maintenant, pour les lecteurs de ces lignes qui n'ont pas vu les premiers panoramas militaires, essayons de donner un aperçu rétrospectif des titres qu'eurent ces pages merveilleuses d'histoire mise en action, de l'admiration générale qu'elles firent naître et de la curiosité publique qu'elles excitèrent à un si haut degré.

PANORAMA DE NAVARIN

Exposé en 1830

La bataille de Navarin fut livrée par les escadres combinées anglaise, française et russe, à la flotte turco-égyptienne, le 20 octobre 1827.

Si le lecteur veut se reporter, par la pensée, à 1830, époque à laquelle parut cette première bataille panoramique, et s'il pénètre (toujours par la pensée) dans la rotonde bâtie alors rue des Marais-du-Temple, voici un aperçu du spectacle émouvant et grandiose qu'il aura sous les yeux :

Le spectateur est introduit dans le panorama par la batterie de 18 du vaisseau de 74 le *Scipion*. La chambre des officiers est la partie du vaisseau que l'on visite d'abord. Le branle-bas de combat éant fait, la cloison qui sépare ordinairement la chambre de la batterie est enlevée. L'équipage ayant été armé, les trophées placés entre les canons sont dégarnis en partie de leurs haches, sabres et pistolets.

A bâbord (gauche) la batterie se voit dans toute sa longueur, quelques pièces de l'avant sont seules en exercice, presque toute la batterie ayant été abandonnée parce que l'équipage a dû monter sur le gaillard d'avant pour débarrasser le vaisseau d'un brûlot incendiaire qu'il a accroché en venant au mouillage.

En sortant de la batterie de 18, le spectateur est conduit par un petit escalier dans la salle à manger du commandant, puis dans sa galerie. Tout l'aménagement de cette partie du bâtiment a été conservée : chaises, commodes, coussins, longues-vues, compas renversé, tables à roulis, etc.

Un escalier conduit du logement du commandant sur la dunette, et c'est de ce point élevé que le spectateur va voir le combat. Le feu l'entoure et le presse de toute parts : L'incendie contre lequel se défend le *Scipion ;* les batteries qui tirent au loin ; des bâtiments qui brûlent, et, derrière, une frégate qui saute : — partout la flamme, la fumée, le bruit.

Les matelots du *Scipion* travaillent à se dégager du brûlot qui est attaché à la joue de tribord. Un quartier-maître commande avec son

sifflet. Trois embarcations remorquent le navire incendiaire pour l'éloigner du vaisseau, à mesure qu'avec la hache on le sépare du bord
auquel il est adhérent. Des blessés et des morts sont sur les pas-
savants.

La frégate française l'*Armide*, commandée par le capitaine de
vaisseau Hugon, remorque, en arrivant à son mouillage, une corvette
anglaise aux prises avec une frégate turque et ayant beaucoup à souf-
frir de cette lutte ; l'*Armide* laisse aussitôt tomber ses ancres entre
les bâtiments engagés, prend pour elle le combat, et, en peu de
temps, écrase la *Belle-Sultane* (c'était le nom de la frégate turque). Cette conduite chevaleresque du commandant Hugon excite un
enthousiasme général. L'équipage de la corvette anglaise monte dans
les haubans et trois hourras de reconnaissance sont poussés en
l'honneur des Français et du brave commandant de l'*Armide*.

Sur le premier plan, tout près du spectateur et à sa droite, est
une goëlette turque qui coule. L'équipage cherche son salut dans la
fuite que le manque d'embarcations rend à peu près impossible. Des
débris de mâture et de bâtiments embrasés, des Turcs luttant à la
nage contre la mort qu'ils croient éviter en quittant leurs navires,
couvrent la surface de la mer, que les seules commotions de l'artillerie soulèvent sourdement.

La dunette du haut de laquelle le spectateur assiste aux scènes
émouvantes et terribles qu'il a sous les yeux, est celle du *Scipion*
lui-même, que le colonel Langlois avait achetée lors de la démolition
de ce vaisseau, à la suite de la bataille de Navarin. L'avant et les
batteries sont de la peinture si bien soudée à la nature elle-même
que l'on ne peut les distinguer l'une de l'autre.

Pendant le cours de l'exposition de ce panorama animé, le premier
qui eût encore paru et qui fut couronné d'un succès prodigieux, un
fait d'un intérêt exceptionnel s'offrit un jour aux yeux des spectateurs
émerveillés de surprise. Au plus fort du combat, on vit tout à coup
la flamme qui dévorait un vaisseau turc s'agiter autour des mâts et
des cordages et s'élever en spirale comme de la flamme naturelle.

Le colonel Langlois eût pu s'attribuer le mérite de cette curieuse
découverte ; mais après avoir vérifié la cause réelle de ce singulier
phénomène, il dit modestement qu'un peu de flamme de gaz et un
courant d'air en étaient les seuls inventeurs.

C'était, en effet, un foyer de gaz qui, établi dans un endroit à
l'écart, projetait sa clarté sur le vaisseau incendié, pour donner à la
peinture représentant le feu un éclat plus tranchant et plus vif. Or,
c'était un vasistas qui, placé derrière ce foyer inaperçu, avait été

laissé ouvert par mégarde, et donnait à la flamme se reflétant sur le vaisseau le tremblottement dont nous venons de parler.

La flotte turco-égyptienne, sous les ordres de Moharem Bey et de Tahir Pacha, se composait de 3 vaisseaux de 74, 1 vaisseau rasé, 26 frégates, 60 corvettes ou bricks, et d'un grand nombre de bâtiments de transport ; en tout 130 voiles.

L'escadre européenne, commandée par les amiraux sir Édouard Codrington, de Rigny et Heyden, était de 27 voiles seulement, dont 10 vaisseaux de ligne, 9 frégates et 8 bâtiments légers.

Une heure après la scène de carnage que nous venons de décrire en abrégé, le soleil se couchait par un temps superbe; le feu des batteries et des vaisseaux cessait tout à fait ; tout rentrait dans le calme, et le silence n'était plus troublé, par intervalles, que par le bruit de la détonation de quelques navires égyptiens et turcs sautant en l'air.

La *bataille de Navarin*, où périrent 10,000 hommes, décida de la liberté ou de la vie des Grecs du Péloponèse. Un ministre anglais la traita d'inopportune. En France, où l'on est moins enclin à sonder les secrets et les chances de l'avenir, on la regarda comme un fait d'armes glorieux pour notre marine, et comme une preuve de plus de la valeur intrépide de nos équipages.

PANORAMA D'ALGER

Exposé en 1833

Ce fut au panorama d'Alger que le public fut initié à un spectacle représentant des choses qu'il n'avait jamais été admis à contempler, qu'aucune description ne saurait rendre, mais que, grâce à l'ingénieuse et importante innovation dont il était l'auteur, le colonel Langlois parvint à reproduire, d'après nature, avec la plus scrupuleuse exactitude, et à mettre en relief avec un talent admirable.

A l'aide des panoramas tels qu'ils étaient peints autrefois, on pouvait admirer la vue grandiose d'une ville entière, comme celle d'Athènes, par exemple, dont nous avons déjà parlé. Avec la méthode du colonel Langlois, le spectateur entre dans cette ville, pénètre dans l'intérieur de ses palais, et peut à loisir en contempler toutes les merveilles.

Mais, avant d'aller plus loin, analysons les causes qui, en 1830, provoquèrent la guerre d'Afrique et amenèrent la conquête d'Alger, cette ville turque à laquelle se rattachent tant d'intérêts et de sanglants souvenirs, physionomie originale s'il en fut, type curieux des cités blanches et éclatantes de la côte de Barbarie. Là, des forbans, établis comme des vautours guettant leur proie, étaient devenus sur mer la terreur des peuples civilisés.

Les principales puissances de l'Europe avaient, à l'aide de traités conclus avec le dey d'Alger, garanti en partie leurs sujets des attaques de ces audacieux pirates ; mais d'autres, à la honte de l'humanité, étaient obligées de leur payer un tribut déguisé sous le nom de présent ; et quelques-unes étaient constamment exposées à leurs agressions. Les traités mêmes ne mettaient pas toujours à l'abri de ces violences. Alors, les grandes puissances assiégeaient et bombardaient Alger. C'est ce que firent Charles-Quint, en 1541 ; Louis XIV, en 1684 et 1688 ; et les Anglais, sous la conduite de lord Exmouth, en 1816.

Mais l'arrogance des corsaires algériens était incorrigible, et, depuis quatre siècles, la ville orgueilleuse, devenue leur repaire, était restée tristement célèbre dans tous les États de la chrétienté, contre lesquels ils entretenaient cette guerre longue et cruelle, que les nations les plus puissantes par les armes n'avaient pu faire cesser, lorsque la France du xixᵉ siècle la termina dans une lutte de quelques jours.

En 1827, Hussein-Pacha, dey d'Alger, ayant, au milieu d'une discussion très-animée, donné un coup de son chasse-mouches à M. De Val, consul de France, avait refusé de se soumettre à la juste réparation que l'on exigeait de lui. Joignant ensuite les hostilités à l'insulte, on avait même fait feu sur le vaisseau parlementaire, monté par le contre-amiral de la Bretonnière, et, au moment où cet officier général regagnait son bord, trois boulets lancés par les pièces de la batterie établie sur le môle avaient insulté son pavillon. Il importait de punir ces outrages.

On était au mois d'avril 1830, et, ni le blocus d'Alger par notre marine, ni les négociations entamées pour obtenir réparation de la double insulte faite au consul et au pavillon français n'avaient pu amener aucun résultat. Charles X et son conseil décidèrent alors que la question allait être tranchée par les armes.

Cette nouvelle fut accueillie par la France et par l'armée avec des transports d'enthousiasme.

Voici la composition et l'itinéraire de l'expédition :

25 mai 1830. — Départ de Toulon pour Alger. L'armée de terre se compose de 37,000 hommes ; elle est commandée par le général Bourmont.

L'armée navale, compte 600 voiles ; elle est sous les ordre de l'amiral Duperré.

Le 30 — La flotte est dispersée par des rafales ; elle se réunit à Mayorque.

Le 14 juin, l'armée française opère son débarquement à Sidi-Ferruch. — L'ennemi est battu et on lui prend neuf pièces de canon.

Les 16, 17 et 18 juin, les Français fortifient la presqu'île.

Le 19, l'armée du Dey, à laquelle se sont réunies celles des beys d'Oran, de Titery et de Constantine, attaque nos positions avec 80,000 hommes ; — elle est battue ; ses tentes, son artillerie et 60 dromadaires chargés de butin tombent en notre pouvoir.

Le 24, — combat de Sidi-Kalef. Les Arabes se retirent vers El-biar (1).

Le 29, attaque des lignes algériennes. Les Arabes, ne pouvant tenir contre la vigueur de cette attaque, se retirent en désordre et abandonnent leur artillerie.

Le 4 juillet, bombardement du fort l'Empereur.

Le 5, les Français entrent en vainqueurs dans la capitale de la Régence.

L'artillerie eut l'honneur d'entrer la première dans Alger. Elle passa par les rues Bab-el-Oued et Bab-Azoun. Les roues des affûts et des voitures renversaient les échoppes ou étalages des marchands turcs et maures, tant le passage était étroit et difficile dans ces rues, qui sont pourtant les plus larges de la ville.

Les Algériens, en voyant défiler devant eux tout cet attirail de guerre, paraissaient n'éprouver d'autre sentiment que celui de la surprise. Ni les musiques des régiments faisant retentir l'air de fanfares guerrières, ni l'éclat du triomphateur, ne produisaient d'impression sur eux. Assis ou couchés avec une nonchalance affectée peut-être sur des bans de pierre, il ne se retournaient même pas pour voir passer le cortége. Bien plus, les Bédouins, montés sur leurs ânes ou conduisant leurs dromadaires, lui faisaient signe de se ranger et criaient de toute leur force : — *Balek! balek!* — Gare !

A l'approche de l'armée française, le Dey avait fait ouvrir les bagnes, lieux infects où gémissaient dans d'affreuses tortures des

____

(1) Délicieuse campagne près d'Alger où les riches habitants de la ville ont leurs maisons de plaisance.

chrétiens de toutes les nations. Les infortunés étaient nourris comme des animaux immondes et entassés dans d'étroits galetas, où l'air et le jour pénétraient à peine par quelques rares issues. — Couchés, non sur de la paille, mais sur du fumier, ils ne recevaient ni secours ni consolation de personne, et n'espéraient plus de délivrance des Pères de la Merci. Le commerce qu'ils avaient fait fleurir par leurs courses périlleuses et lointaines ne les délivrait pas, et leurs souverains eux-mêmes ne pouvaient obtenir leur liberté.

La plupart des prisonniers qui sortirent de ces bagnes affreux ressemblaient plutôt à des cadavres qu'à des êtres vivants. On se sentait de la pitié dans le cœur en voyant leur démarche incertaine, lente et pénible. Ils portaient un costume semi-oriental, semi-européen, qu'on leur avait donné pour les couvrir, en leur rendant la liberté; car, auparavant, ils étaient dans un état de nudité complète, et ne portaient pour tout vêtement qu'un peu de paille autour des reins.

Plusieurs de ces malheureux avaient, à force de souffrance, perdu totalement la raison. D'autres n'y voyaient presque plus, quelques-uns étaient tout à fait aveugles. Dans leur démence, ils disaient d'un air insensé qui faisait mal à voir qu'ils voulaient retourner au bagne d'où on les avait chassés.

Nous l'avons déjà dit : le panorama d'Alger offrait un intérêt tout exceptionnel, en raison de la spécialité des choses jusque-là inconnues des Européens que l'on y admirait.

EXPLICATION.

Le spectateur est introduit dans le panorama par un des corridors de la Casbah, à l'extrémité duquel on aperçoit la cour du Divan.

Il entre ensuite dans une chambre turque, copie exacte et de tout point fidèle de l'appartement d'un riche habitant d'Alger, et qui, depuis la prise de cette ville, a fait partie de la demeure du général en chef de l'armée française.

La chambre dont il s'agit est une de ces chambres longues, médiocrement hautes, assez étroites, où le jour a peu d'accès, pour que la chaleur y pénètre moins, afin qu'elle n'écrase pas de son poids, si lourd au milieu de la journée, le loisir nonchalant des femmes et de la plupart des hommes riches.

Le colonel Langlois a soigneusement rendu tous les détails de la décoration ; rien n'a été omis, ni le revêtement de faïence peinte et dorée garnissant la muraille à hauteur d'appui, ni la tenture aux vives couleurs, aux fleurs brillantes, ni les cintres moresques, ni les rosaces, d'un goût charmant, qui ornent le plafond, et que nos élégants salons envieraient aux appartements de la cité barbare.

Autour de la chambre règne un divan où sont des carreaux. C'est sur ce meuble que les Turcs passent la moitié de leur vie ; c'est là que, les jambes pliées sous leurs cuisses, — l'une d'elles au moins, — ils fument, causent, roulent dans leurs doigts les grains épais de leurs chapelets, et se délectent de ce rien-faire contemplatif qui n'est pas la paresse et que nous ne pouvons pas caractériser suffisamment, peut-être parce que nous ne le comprenons pas assez bien.

Avant de monter, arrêtons-nous un peu dans ce couloir, ouvert sur une des cours intérieures. Cette cour, entourée d'une galerie supportée par d'élégantes colonnes cannelées ou à hélices, est celle du Divan. C'est dans la travée du bas, au fond, derrière une balustrade, que s'assemblaient les officiers du gouvernement chargés de rendre la justice. Le Dey ne présidait pas cette cour suprême ; mais invisible et présent, suivant une coutume que les vice-rois des Régences tenaient des sultans, il assistait aux discussions et aux délibérations. Il avait une tribune masquée par des rideaux de damas, où il venait entendre l'accusé et les juges.

Au-dessus de la travée du Divan, Hussein-Dey avait une volière. La ménagerie, que les Arabes des différentes tribus soumises à sa loi entretenaient par leurs chasses dans les montagnes de l'Atlas, était dans un autre corps de logis. Derrière la volière, était l'appartement des femmes, ou harem. La porte d'entrée en était si basse que l'on ne pouvait y entrer qu'en rampant. Le jour n'y pénétrait que par d'étroites fenêtres très-élevées, afin de dérober à tous les regards la vue des femmes qui passaient leur vie dans ces tristes demeures. Il y avait dans ce harem des Géorgiennes, réputées pour leur beauté, et quelques filles de la Grèce et de l'Ionie.

Près et à gauche de la porte du harem, était l'emplacement du trésor d'Alger. A midi, le trésor se fermait, et l'on en apportait la clef au Dey, qui en était seulement le dépositaire, car il n'avait pas le droit d'ouvrir la porte du lieu renfermant ces richesses, la Constitution le lui défendait.

Dans la salle du trésor se trouvaient, accumulées en énormes monceaux, des valeurs en numéraire de toute espèce, et l'on pourrait dire de toutes les nations. Ces valeurs étaient réunies par ordre de métal. Les monceaux d'or étaient les plus gros et les plus nombreux. Indépendamment de l'argent monnayé, des tonneaux et des caisses étaient remplis de lingots d'or et d'argent.

En haut du bâtiment, dans le fond et sur l'aile droite, est une espèce de pavillon peint en rouge et en vert, et ayant des rideaux de mousseline; on y arrivait par une galerie de pots de fleurs. C'est dans ce pavillon que le dey d'Alger recevait les étrangers; là, fut donné le premier coup de chasse-mouches qui lui coûta son trône.

C'est sur une des terrasses de la Casbah que se trouve maintenant le spectateur qui, de ce point élevé, aperçoit la baie d'Alger, la pleine mer et les hauteurs qui couronnent la ville jusqu'à la chaîne des montagnes de l'Atlas.

Les maisons d'Alger, toutes blanches et carrés, forment, par leur agglomération, un triangle placé en amphithéâtre sur le penchant d'une colline; l'un des côtés de ce triangle est appuyé sur le port, et c'est à sa pointe supérieure qu'est bâtie la Casbah, demeure d'Hussein-Dey, qui y resta pendant treize ans avec sa famille, et n'en sortit qu'une seule fois pendant ce long séjour.

Du sommet de la Casbah, on descend sur des terrasses garnies de canons, placés là pour la défense du palais du Dey et de la partie basse d'Alger.

Parmi les divers points de vue qui, de ces positions, attirent l'attention des visiteurs, il en est que l'on remarque surtout, à cause des souvenirs historiques qui s'y rattachent.

De ce nombre est le fort l'Empereur, appelé par les Arabes *Sultan Calasi*, parce qu'en 1541, Charles-Quint commença à le bâtir, mais dut bientôt l'abandonner par suite d'une affreuse tempête, accompagnée de tremblement de terre, au milieu des fureurs de laquelle quatre-vingt-dix vaisseaux périrent avec leurs équipages et toutes leurs munitions.

Le désastre fut si grand, qu'à la pointe du jour l'Empereur reconnut qu'il n'y avait plus de salut que dans une prompte retraite. Il abandonna tout son bagage et son artillerie, et conduisit en grand désordre les débris de son armée au cap Matifou. L'artillerie qu'il abandonnait ainsi avait été conquise sur François Ier à la bataille de Pavie. Trois siècles plus tard, la victoire devait la rendre à une armée française.

Parmi ces pièces de canon, il y en avait une qui fut nommée depuis : *la Consulaire*, parce qu'en 1685 elle lança l'infortuné Levacher, missionnaire et consul de France à Alger, sur la flotte de Duquesne.

A droite, le spectateur aperçoit sur une pointe de terrain un peu avancée dans la mer, un fort qui répond au feu de quelques bâtiments de guerre : — c'est le fort des Anglais, une des défenses d'Alger au nord.

Trois vaisseaux français canonnent, en passant, le fort ; ce sont le *Duquesne*, le *Trident* et le *Breslaw*. La canonnade continue sur toute la ligne des vaisseaux et frégates qui défilent devant les batteries de la ville, et à la tête desquels marche le vaisseau la *Provence*, portant à son mât de misaine le pavillon de l'amiral Duperré.

Le Dey, la milice turque, du haut de la Casbah, et la population de la ville, de tous les points favorables, contemplent silencieusement cet imposant spectacle, qui, bien que n'étant encore qu'une simple démonstration, semble annoncer à l'orgueilleuse *El Djézaïr* (nom d'Alger en Arabe) que la fin de sa domination est proche.

En avant de la ligne des vaisseaux et frégates, le spectateur remarque un petit bâtiment avec pavillon rouge. — C'est un brick de Tunis, portant un envoyé du Bey de cette régence, chargé de la part du sultan Mahmout d'engager Hussein à faire aux Français les réparations qui lui étaient demandées..... Il était trop tard.

Un peu au large, et en avant du vaisseau la *Provence*, on aperçoit une goëlette anglaise, venue là pour être spectatrice de la lutte, et qui se retira aussitôt après la reddition de la ville.

Voici, pour terminer, la description exacte des environs d'Alger, reproduits d'après nature, et tels qu'ils s'offrent aux yeux du visiteur du Panorama, placé pour les contempler sur les hauteurs de la ville :

Les sentiers couverts dont les lignes sinueuses traversent dans tous les sens la campagne qui avoisine Alger, sont si nombreux qu'ils font l'effet d'un immense labyrinthe. A travers leurs trouées ombragées, la vue se perd de temps en temps sur la vaste étendue de la plaine, ou se repose sur les ondes de la Méditerranée.

La voie romaine, majestueuse au milieu de ces sentiers, comme un beau fleuve coulant à côté des ruisseaux de la prairie, partage en deux parties inégales les magnifiques jardins et les riantes villas qui annoncent l'approche d'une capitale.

Le sol est entièrement recouvert de vignes, de pastèques, de melons, d'orangers, d'acacias, de chèvrefeuille, de peupliers mélangés de nopals à rosaces jaunes, et de toutes les brillantes variétés de la flore numidienne.

La blancheur des villas tranche admirablement au milieu de cette

verdure et de ces fleurs qui embaument l'air de leurs parfums déli-
cieux.

Telle fut dans son ensemble et ses détails l'exposition du panorama
d'Alger, qui répondit d'une manière brillante au succès obtenu par
celui de Navarin, qui l'avait précédé.

Les expositions suivantes confirmèrent de plus en plus ces deux
premiers succès, et ajoutèrent encore à la popularité de l'heureuse
innovation introduite par le colonel Langlois dans la peinture panoramique.

BATAILLE DE LA MOSKOWA

Exposé en 1835

Parmi les panoramas militaires exposés successivement pendant
quarante ans (de 1830 à 1870), par le colonel Langlois, le panorama
de la bataille de la Moskowa fut celui qui, à première vue, excita
l'émotion la plus vive ; examiné ensuite dans le silence du recueillement, il laissait dans l'âme du spectateur une impression si profonde, qu'elle ne s'en effaçait jamais.

Ce champ de bataille, selon l'expression d'Oukounief, « était
« devenu sacré pour les braves de tous les pays, puisqu'il avait été
« humecté par le sang de quatre-vingts mille héros..... Que d'actions
« éclatantes, » ajoutait-il, « ne se sont-elles pas perdues dans ce
« champ de sang et de carnage !... Ces martyrs du patriotisme ont
« payé leur dette au pays qui les a vus naître ; ils ont imposé à
« ceux qui leur ont survécu la tâche sacrée d'honorer leur mémoire
« au niveau de la grandeur avec laquelle ils se dévouèrent à la
« mort !..... »

Ajoutons à notre tour que ce fut à la Moskowa, cette bataille de
géants, que les Français victorieux jetèrent dans des flots de sang
les germes de l'affranchissement du peuple russe, affranchissement
qui commença à porter ses fruits un demi-siècle plus tard.

Pendant plus d'un mois, le colonel Langlois parcourut dans tous
les sens la plaine de la Moskowa, observant et dessinant tous ses
détails, afin de les reproduire ensuite avec une exactitude religieuse.
Il y retrouva encore, parfaitement conservée, cette grande redoute à

jamais célèbre par la mort de Montbrun, Caulincourt, Nalabert ; et cette attaque du 30ᵉ dans laquelle Bonamy succomba. Il étudia sur le terrain les relations des divers auteurs qui avaient fait connaître cette bataille gigantesque, et convaincu que l'empereur Napoléon seul avait rendu avec clarté et concision toutes les phases de ce grand drame militaire, il crut devoir, pour notice explicative du panorama, se contenter de reproduire le bulletin même de la grande armée qui en rendrait compte. — Voici les principaux passages de ce bulletin :

Mojaisk, le 10 septembre 1812.

Le 4 septembre 1812, l'Empereur partit de Ghïat let vint camper près de la poste de Gritueva.

Le 5, à six heures du matin, l'armée se mit en mouvement. A deux heures après midi, on découvrit l'armée russe, placée, la droite du côté de la Moskowa, la gauche sur les hauteurs de la rive droite de la Kolotcha.

A mille toises en avant de la gauche, l'ennemi avait commencé à fortifier un beau mamelon entre deux bois, où il avait placé neuf à dix mille hommes. L'Empereur l'ayant reconnu, résolut de ne pas différer un moment, et d'enlever cette position. Il ordonna au roi de Naples (Murat) de passer la Kolotcha avec la division Compans et la cavalerie. Le prince Poniatowski, qui était venu par la droite, se trouva en mesure de tourner la position. A quatre heures, l'attaque commença. En une heure de temps, la redoute fut prise avec ses canons, et le corps ennemi chassé du bois et mis en déroute, après avoir laissé le tiers de son monde sur le champ de bataille. A sept heures du soir, le feu cessa.

Le 6, à deux heures du matin, l'Empereur parcourut les avant-postes. On passa la journée à se reconnaître.

Le 7, à deux heures du matin, l'Empereur, entouré des maréchaux, était à la position prise l'avant-veille. Quoique l'on ne fût encore qu'au mois de septembre, il faisait déjà aussi froid qu'en décembre en Moravie. A cinq heures le soleil se leva sans nuages, la veille il avait plu. — « C'est le soleil d'Austerlitz, » s'écria l'Empereur ; l'armée en accepta l'augure et répondit par ses acclamations. Le plateau sur lequel se trouvaient les troupes était couvert de cadavres russes d combat de l'avant-veille.

Le prince Poniatowski, qui formait la droite, se mit en mouvement pour tourner la forêt à laquelle l'ennemi appuyait sa gauche. Le prince d'Ekmühl se mit en marche le long de la forêt, la division Compans en tête. Deux batteries de soixante pièces de canon chacune, battant la position de l'ennemi, avaient été construites pendant la nuit.

A six heures, le général comte Sorbier, qui avait armé la batterie droite de l'artillerie de la réserve de la Garde, commença le feu. Le général Permelty, avec trente pièces de canon, prit la tête de la division Compans qui longea le bois, tournant la tête de la position de l'ennemi.

A six heures et demie, le général Compans est blessé.

A sept heures, le prince d'Ekmülh a son cheval tué : l'attaque avance, la mousqueterie s'engage.

Le vice-roi (le prince Eugène), qui formait notre gauche, attaque et prend le village de Borodino.

A sept heures, le maréchal duc d'Elchingen (Ney) se met en mouvement, et, sous la protection de soixante pièces de canon que le général Foucher avait placées la veille contre le centre de l'ennemi, se porte sur les redoutes. Mille pièces de canon vomissent la mort de part et d'autre.

A huit heures, les positions de l'ennemi sont enlevées; ses redoutes sont prises, et notre artillerie couronne les hauteurs. L'avantage de position qu'avaient eu pendant deux heures les batteries russes nous appartient maintenant. Les parapets qui ont été contre nous pendant l'attaque, redeviennent pour nous. L'ennemi voit ainsi la bataille perdue au moment même où il ne la croyait que commencée. Partie de son artillerie est en notre pouvoir; le reste est évacué sur ses lignes en arrière. Dans cette extrémité, il prend le parti, pour rétablir le combat, d'attaquer avec toutes ses masses les fortes positions qu'il n'a pas pu garder. Trois cents pièces de canon françaises, placées sur les hauteurs, foudroient ces masses, et les soldats russes viennent mourir au pied des mêmes parapets qu'ils avaient élevés les jours précédents avec tant de soin et comme des abris protecteurs.

Le roi de Naples (Murat), avec la cavalerie, fit diverses charges. Le duc d'Elchingen, depuis prince de la Moskowa, se couvrit de gloire et montra autant d'intrépidité que de sang-froid. L'Empereur ordonna une charge de front, la droite en avant : ce mouvement nous rendit maître des trois quarts du champ de bataille. Il restait à l'ennemi ses redoutes de droite : le général comte Morand y marche et les enlève. Mais à neuf heures du matin, attaqué de tous côtés, il ne peut s'y maintenir.

L'ennemi, encouragé par ce succès, fait avancer sa réserve et ses dernières troupes, pour tenter encore la fortune; la garde impériale en fait partie. Il attaque notre centre sur lequel avait pivoté notre droite. On craint un moment qu'il n'enlève le village brûlé ; la division Friant s'y porte : — quatre-vingt pièces de canon françaises arrêtent d'abord et écrasent ensuite les colonnes ennemies, qui se tiennent pendant deux heures serrées sous la mitraille, n'osant pas avancer, ne voulant pas reculer, et renonçant à la victoire. Le roi de Naples fait cesser leur incertitude ; il fait marcher le 4me corps de cavalerie, qui pénètre dans les brèches que la mitraille de nos canons a faites dans les masses serrées des Russes et les escadrons de leurs cuirassiers ; ils se débandent de tous côtés. Le général comte Caulaincourt se porte à la tête du 5me cuirassiers, culbute tout, et entre dans la redoute de gauche par la gorge.

Dès ce moment, plus d'incertitude, la bataille est gagnée, et les vingt et une pièces de canon qui se trouvent dans la redoute sont tournées contre l'ennemi.

Le comte de Caulaincourt qui venait de se distinguer par cette belle charge, tombe en la terminant, frappé par un boulet, et meurt glorieusement sur le champ de bataille.

Il est deux heures après midi, toute espérance abandonne les Russes. La bataille est finie, la canonnade continue encore ; l'ennemi se bat pour sa retraite et pour son salut, mais non pour la victoire.

La perte des Russes est énorme ; elle peut être évaluée à quarante ou cinquante mille hommes, et la nôtre à dix mille. Jamais on n'a vu pareil champ de bataille. Quarante généraux russes ont été tués, pris ou blessés.

Nous avons perdu le général de division comte Montbrun, tué d'un coup de canon ; le général comte Caulincourt, tué d'un semblable coup une heure après.

Les généraux de brigade Compère, Plauzonne, Marion, Nalabert, Huart, ont été tués. — Huit généraux ont été blessés.

Telle est, en peu de mots, l'esquisse de la bataille de la Moskowa, donnée à deux lieues en arrière de Mojaïsk, et à ving-cinq lieues de Moscou, près de la petite rivière de la Moskowa.

Nous avons tiré soixante mille coups de canon, qui sont déjà remplacés par l'arrivée de huit cents voitures d'artillerie qui avaient dépassé Smolensk avant la bataille. Tous les bois et tous les villages, depuis le champ de bataille jusqu'à Mojaïsk, sont couverts de morts et de blessés. On a trouvé ici deux mille morts ou amputés russes. Plusieurs généraux et colonels ennemis sont prisonniers.

La victoire n'a jamais été incertaine. Si l'ennemi, forcé dans ses positions, n'avait pas voulu s'en emparer de nouveau, nous aurions eu plus de monde que lui hors de combat; mais il a détruit son armée en la tenant, depuis huit heures jusqu'à deux, sous le feu de nos batteries, et en s'opiniâtrant à reprendre ce qu'on lui avait enlevé. Telle a été la cause des pertes immenses qu'il a subies.

Toutes les péripéties de cette journée de sang et de massacre, — journée sans exemple dans les annales de la République et de l'Empire, avaient été dessinées par le crayon si éminemment militaire du colonel Langlois, avec sa fidélité historique habituelle, puis reportées sur toile par le pinceau sous sa direction habile. On ne sera donc pas étonné si, comme nous le disions au commencement de ce compte rendu, le spectateur, après avoir contemplé dans le recueillement du silence le vaste et funèbre champ de bataille de la Moskowa, emportait dans son âme une impression profonde qui ne s'en effaçait jamais...

INCENDIE DE MOSCOU

Exposé en 1839

Le panorama de l'*incendie de Moscou* inaugura, en 1839, la rotonde que le colonel Langlois avait fait élever aux Champs-Élysées, pour venir s'y établir en quittant celle de la rue des Marais-du-Temple.

Bâtie au fond du carré Marigny, à proximité du cours la Reine, la rotonde des Champs-Élysées se trouva, comme nous l'avons déjà dit, comprise, en 1855, au moment de l'Exposition universelle, parmi les annexes du palais de l'Industrie, et cessa dès lors d'exister pour être reconstruite plus tard près de l'avenue d'Antin, à l'endroit où s'élève aujourd'hui la vaste et magnifique rotonde faisant pendant au cirque de l'Impératrice, et bâtie sur le même modèle. — Mais revenons au panorama de l'*incendie de Moscou*.

Après la bataille de la Moskowa, livrée le 7 septembre 1812, bataille où les Russes avaient perdu près de cinquante mille hommes, leur armée, aussi considérablement réduite, ne pouvait plus songer à défendre l'ancienne capitale de l'Empire. Cependant, ils voulurent encore disputer le terrain pied à pied, et le 14 septembre seulement les Français arrivèrent à Moscou, que depuis si longtemps ils appelaient de leurs vœux. Quand cette ville s'offrit à leurs regards, l'armée entière resta dans une sorte d'extase ; son aspect, en effet, avait de quoi surprendre ; c'était comme une création fantastique, le rêve d'une imagination orientale. Après avoir traversé un pays presque désert, où l'œil ne s'arrête que sur des bouleaux et des marécages, et qui, en outre, avait été ravagé impitoyablement par l'ennemi dans sa marche rétrograde, les Français voyaient tout à coup se développer devant eux une plaine magnifique, parée d'une riche culture, et couverte de monuments dont l'architecture variée et pittoresque les transportaient en Asie, au milieu de ces constructions merveilleuses qu'on ne croyait exister que dans les *Mille et une Nuits*.

Si le spectateur regarde à droite du pont de pierre, là où l'incendie ne s'est pas manifesté encore, il verra à l'horizon se dessiner, sur un ciel éclairé par le soleil couchant, une colline couverte de bois, et, au milieu des arbres, une coupure dans la forêt. Ce passage est le débouché de la grande route de Smolensk, et c'est par là qu'arrivait l'armée française.

On concevra facilement quel tableau devait s'offrir à ses yeux du sommet de cette hauteur. Devant elle s'élevaient de toutes parts dans les airs, des temples, des minarets, dont les dômes revêtus d'or et d'argent, étincelaient de mille feux : aussi loin que la vue pouvait s'étendre, ce n'était que jardins, mosquées, palais, églises. Les habitations misérables disparaissaient sous le grandiose de ces édifices. On se croyait dans un séjour d'enchantements et de féeries. Qui alors aurait pensé que cette cité si grande, si riche et si belle ne serait bientôt qu'un amas de décombres et de ruines !...

Moscou n'a pas été construit sur un plan régulier, le hasard et le caprice y ont décidé de tous les alignements. Cependant, les rues sont longues et assez larges, mais toujours sinueuses. On n'y voit pas de grandes places. Cette ville, qui compte de trois à quatre cent mille âmes (le recensement, fait en 1838, porte le nombre des habitants à trois cent quarante-huit mille cinq cent deux), a environ neuf lieues de tour. Elle est coupée en deux par la Moskowa, rivière qui communique avec les provinces méridionales de l'empire et même avec la Perse. Elle est traversée par un seul pont e pierre, le premier qu'ait vu la Russie. On le doit à Pierre le Grand. Les autres sont des ponts de bois ou des ponts de bateaux.

Suivant une coutume assez générale en Asie, Moscou a plusieurs murailles qui isolent ses différents quartiers ; mais il n'en reste qu'une qui soit bien conservée, et qui forme comme une citadelle au centre de la ville. Cette vieille forteresse, appelée le Kremlin, a près d'une lieue de développement. — C'est en cet endroit qu'est placé le spectateur : — il est sur la tour Borisoff, qui fait partie de l'ancienne ligne de défense, laquelle tour se lie à une autre fort élevée, que l'on voit à peu de distance, et qui est remarquable par son architecture byzantine. Le mur d'enceinte tourne ensuite derrière les dômes dorés qui sont à la droite de cette dernière construction, et rejoint une tour conique très-haute, à différents étages, qui se rattache elle-même à celle sur laquelle on se trouve. Cette vaste enceinte, construite en briques, date du xvᵉ siècle ; elle est protégée par un fossé large et profond, dans lequel coule un ruisseau appelé la *Troube*.

Le Kremlin renferme plusieurs édifices publics. Les bâtiments qui se trouvent en avant des dômes dorés font partie du vieux palais des czars, qui fut longtemps la demeure de Pierre le Grand. Ceux qui sont plus à droite forment le Palais Neuf, construit par Paul Iᵉʳ. C'était là que Napoléon avait établi son quartier général. Le dôme le plus élevé est celui d'Iwan Weliki : il était surmonté d'une croix pour laquelle les Russes avaient une vénération superstitieuse : — ils s'imaginaient qu'elle seule suffirait pour les protéger contre leurs ennemis. Cette croyance engagea Napoléon à la faire enlever et transporter à Paris ; mais elle fut perdue dans la retraite, et on l'a remplacée depuis par une autre. C'est près de la tour d'Iwan que se trouve la fameuse cloche de 19 pieds de haut, et de 64 pieds de circonférence, dont il est tant parlé par tous les voyageurs. Cette cloche s'étant fendue lors d'un incendie, on la laissa à l'endroit même où, vers le commencement du xviiᵉ siècle, elle avait été coulée.

Le Kremlin renferme en outre un arsenal considérable, le palais du Sénat, des couvents et plusieurs églises, que l'on ne peut voir toutes du point où se trouve le spectateur. La plus remarquable est celle d'Uspenskoë, où se célèbrent en grande pompe les principales fêtes de la religion grecque, et où s'est fait dans tous les temps le couronnement des autocrates. On y conserve des ornements d'un grand prix : le sanctuaire est revêtu de lames d'or et d'argent ; à la voûte, pend un lustre de ce dernier métal qui pèse 3,000 livres, à quelques pas de l'église d'Uspenskoë et celle de Saint-Michel, où ont été inhumés les souverains moscovites jusqu'à Pierre II. C'est aussi de ce côté que se trouve l'entrée connue sous le nom de *Porte-Sainte*. En cet endroit, est une image vénérée, devant laquelle brûlent constamment des lampes et des cierges : on n'y passe que la tête découverte.

Plus loin que le Kremlin, à la droite du Palais-Neuf, et près de la rivière, le spectateur remarque un bâtiment très-considérable ; cet édifice, qui a échappé à la fureur des flammes, est l'asile des *Enfants trouvés*, fondé par Catherine II ; il a plus d'une demi-lieue de tour, et contient huit mille lits.

Beaucoup d'habitations à Moscou sont élevées en pierres et en briques ; mais le plus grand nombre est en charpente et en torchis. Dans ce dernier cas, on les revêt d'un badigeon, ou plutôt d'un stuc qui leur donne une très-belle apparence. Quant à la toiture, elle consiste généralement en feuilles de tôle, peintes de diverses couleurs. Même dans les constructions les moins importantes, l'étranger est frappé surtout des dépenses prodiguées en ornements et en décors : de toutes parts on ne voit que bas-reliefs, statues, pilastres ou colonnes. Si à cette magnificence peu économe on ajoute le contraste des styles, on comprendra l'étrangeté et le pittoresque de cette ville curieuse. Tantôt c'est l'architecture byzantine, toujours sévère et imposante ; tantôt ce sont des découpures indiennes, bizarres dans leurs contours, mais légères et gracieuses ; ici les formes élégantes de l'Italie moderne ; là les lourdes masses tartares qui constatent le progrès des arts depuis le xive siècle ; en un mot, aucune capitale ne saurait exciter à un plus haut degré la curiosité et l'intérêt.

Situé sur les confins de l'Europe et de l'Asie, Moscou était l'entrepôt de la France, de l'Allemagne, de la Chine, de la Perse et de l'univers entier. Le thé, les soieries, les tissus, la cochenille, les cachemires, les perles, les fourrures les plus rares, y étaient entassés pour une valeur dépassant plus de cinq cents millions. — Et toutes ces richesses devaient être anéanties par suite d'un calcul d'autant plus erroné, qu'il était contraire aux véritables intérêts de la nation, car si, comme s'en était flatté Rostopschin, Moscou avait brûlé de fond en comble, les Français, privés d'approvisionnements, seraient revenus aussitôt sur leurs pas, et n'auraient point eu à subir les effets terribles d'un climat destructeur et impitoyable. Ce sont au contraire les ressources qu'ils ont trouvées encore parmi les débris de cette ville, qui sont devenues la cause véritable de tous les malheurs dont ils devaient être accablés un jour.

A peine l'Empereur était-il dans Moscou, que des flammes commencèrent à se montrer çà et là. Loin d'attribuer ces accidents au fanatisme, il crut d'abord que c'était l'œuvre isolée de quelques malfaiteurs, et, donnant des ordres sévères, il s'empressa d'envoyer les troupes porter des secours. Mais pour un feu que les soldats parvenaient à éteindre, vingt autres s'allumaient sur différents points. Des bandes d'incendiaires composées de tous les criminels détenus dans les prisons avaient été organisées pour commettre ce qu'un esprit de vertige regardait comme l'inspiration d'un patriotisme sublime. Bon nombre de ces misérables furent pris sur le fait et fusillés immédiatement. Mais le sort avait prononcé! Dès le 16 au matin, la ville entière n'était plus qu'un volcan immense.

Le Kremlin, qui seul se trouvait épargné, ressemblait alors à une île au milieu d'une mer incandescente, les flammes s'amoncelaient de tous côtés, comme les vagues de l'Océan en furie, et du milieu de ce brasier de trois lieues de rayon, s'élevait un bruit pareil au fracas de la foudre. Cent vésuves, a dit un témoin oculaire, ne donneraient qu'une faible idée de cet effrayant spectacle.

L'Empereur, bloqué dans le Kremlin avec sa garde, y courait les plus grands risques. Des flammèches apportées par le vent pleuvaient de toutes parts : une seule étincelle suffisait pour faire sauter les caissons de l'artillerie, et pour embraser quatre-vingts milliers de kilogrammes de poudre que les Russes avaient abandonnés dans l'espoir peut-être d'une conflagration terrible. On respirait à peine, tant l'atmosphère était ardente, et même hors du foyer de l'incendie, la terre brûlait sous les pieds. Dans ce moment critique, l'Empereur se décida brusquement : — Quel que fût le danger, il résolut d'abandonner la ville.

Des officiers envoyés pour reconnaître les issues praticables encore, vinrent rendre compte qu'il était possible de sortir en longeant les jardins du palais Paschkoff (ce bel édifice d'architecture italienne qui s'élève majestueusement en face du spectateur quand il regarde du côté opposé au Kremlin), et ce fut par là que l'Empereur se dirigea. Mais tantôt il lui fallait passer sous une voûte de feu, tantôt des tourbillons enflammés menaçaient de l'envelopper dans leurs replis : une autre fois, un nuage de cendre et de fumée l'empêchait de reconnaître la direction qu'il fallait suivre; l'air n'était presque plus respirable. Souvent la chute d'un édifice venait barrer le passage aux soldats et menacer de les ensevelir sous les décombres. Pourtant après un trajet des plus pénibles et des plus périlleux, on parvint à gagner la campagne, et l'Empereur fut s'établir au château de Peterskoë.

Quoique cette demeure impériale soit à une lieue de Moscou, on pouvait, par une nuit sombre, lire facilement à la lueur de l'incendie, et le bruit y arrivait comme le mugissement de la tempête.

L'Empereur est représenté, dans le tableau, au moment où il va abandonner le palais, et quand il indique à sa garde le chemin qu'elle doit prendre.

Sur les bords de la rivière la population se presse épouvantée ; elle se porte en foule là où le danger lui semble moins grand : elle se précipite du côté des faubourgs ; elle se réfugie sur les bateaux, sur les points préservés encore. Partout les habitants, aussi bien que les soldats, cherchent à fuir la mort qui les menace ; partout les maisons s'embrasent, les clochers s'ébranlent, les édifices s'écroulent ; de tous côtés, enfin, se présente l'image d'une destruction dont l'histoire ancienne même ne nous offre aucun exemple (1).

Moscou, depuis cette catastrophe inouïe, s'est relevé brillant de ses ruines ; mais beaucoup d'églises n'ont pas été reconstruites (2), et malgré sa splendeur nouvelle, cette ville, plus magnifique encore qu'autrefois, n'a pas oublié pour cela les jours, cependant déjà loin, de misères, de désastres et de deuil.

La vue grandiose de cette ancienne capitale, mêlée, au moment de sa destruction, au désastre horrible et aux scènes effrayantes que nous venons de décrire, frappait l'esprit du spectateur d'une illusion entraînante, qui le portait à prendre l'image pour la réalité et ajoutait encore à la réputation de plus en plus célèbre de l'auteur des panoramas militaires.

---

(1) L'incendie de Rome par Néron ne saurait être comparé à celui de Moscou ; car il fut partiel ou du moins successif, puisqu'il dura neuf jours. Après 48 heures Moscou n'existait plus. — Quant à la destruction d'Athènes par Sylla, il faut plutôt la considérer comme un pillage que comme un embrasement général.

(2) D'après un recensement officiel, il y avait en 1868 à Moscou : 400 églises, 637 chapelles et 21 couvents, ce qui fait encore 1,058 édifices religieux.

BATAILLE D'EYLAU

Exposé en 1843

En parlant de la bataille d'Eylau, le colonel Langlois disait avec l'autorité de sa haute expérience et de son patriotisme éprouvé :

« Parmi les grands événements de l'Empire, j'ai choisi la bataille d'Eylau pour sujet du Panorama, parce qu'elle fut la plus cruellement disputée ; parce que l'armée française dut supporter, dans la situation la plus défavorable, tous les efforts des armées russe et prussienne réunies.

« Je l'ai choisie aussi, parce que dans cette campagne, plus encore peut-être que dans toute autre, l'abnégation personnelle, l'amour de la patrie et de l'honneur embrasaient l'armée, lui faisaient affronter tous les périls, surmonter tous les obstacles, et supporter sans se plaindre les privations les plus inouïes.

« Je l'ai choisie, enfin, parce que les grands événements de la France, sous la République et sous l'Empire, sont journellement défigurés chez toutes les puissances de l'Europe avec la plus incroyable mauvaise foi, et cela souvent, il faut le dire, grâce au concours de ces hommes qui, dans notre pays, se trouvent toujours d'accord avec le mauvais vouloir des étrangers, quel qu'il soit.

« Dans la bataille d'Eylau, par exemple, les ennemis firent connaître une grande partie de leurs pertes, tant qu'ils furent convaincus que l'armée française était aussi nombreuse que la leur, mais lorsqu'il fut bien démontré qu'elle n'arriverait pas même au chiffre de soixante mille hommes, en y comprenant le corps du maréchal Ney, qui ne rejoignit que pendant la nuit, lorsque la bataille était gagnée, et lorsque les Russes ne se battaient plus que pour assurer leur retraite, d'un trait de plume les armées ennemies furent réduites à ce nombre et les pertes furent compensées. »

DESCRIPTION DE LA BATAILLE.

Dans l'impossibilité de voir l'ensemble des opérations d'aucune des positions de l'armée française, le spectateur est placé au centre de l'armée russe, sur l'une des collines occupées par cette dernière, et qui masque une grande partie de ses forces. Il se trouve ainsi à l'est d'Eylau sur un chemin d'exploitation qui conduit de cette ville à Auklapen.

Le 8 février 1807, avant le jour, le 4e corps, aux ordres du maréchal Soult, occupait dans l'ordre suivant les positions qu'il avait glorieusement conquises la veille :

A la gauche de l'armée française la division Leval était placée en avant du faubourg Freihet ayant à son extrême gauche les brigades de cavalerie légère des généraux Durosnel, Guyot et Colbert.

La division Legrand était en avant de la ville sur les routes de Kœnigsberg et de Friedland.

Ces deux divisions, très-affaiblies par les combats qu'elles avaient livrés les jours précédents à l'armée russe, formaient la gauche de l'armée française, en l'absence du 6e corps, en marche pour déborder le flanc droit de l'armée ennemie, et dont on n'avait pas de nouvelles ; elles étaient chargées de la périlleuse mission de repousser les attaques dirigées contre la ville par l'aile droite de l'armée russe, et peut-être aussi par l'armée prussienne, qui pouvait paraître d'un instant à l'autre. Trop faibles pour occuper tout le front des troupes qui leur étaient opposées, ces divisions étaient sur une seule ligne et sans réserve. L'ennemi dut supposer qu'une seconde ligne au moins était dans la ville ; mais il n'en était rien et les ambulances seules s'y trouvaient établies.

La première division du 4e corps, — la division Saint-Hilaire, — occupait les hauteurs sur la route de Bartenstein, sa droite appuyée à Rothenen, d'où elle avait chassé l'ennemi ; elle laissait à sa gauche un intervalle assez considérable entre elle et la division Legrand.

La division de dragons Milhaud occupant Sesen et Rothenen, appuyait la division Saint-Hilaire et la mettait en communication avec l'avant-garde du 3e corps, commandée par le colonel Exelmans. Cette avant-garde avait été reconnue la veille, à peu de distance, sur la route de Bartenstein.

Le 3e corps, aux ordres du maréchal Davoust, composé de trois divisions d'infanterie et d'une brigade de cavalerie, au nombre de quinze mille cent combattants, devait former la droite de l'armée française et s'était mis en marche de très-grand matin de Beisleben, pour déborder et tourner la gauche de l'armée ennemie. Enfin, la garde à pied et à cheval, la cavalerie de réserve et le 7e corps étaient dans leurs bivouacs, derrière la ville d'Eylau.

L'armée russe qui, la veille, avait été reconnue sur trois lignes occupant plus d'une lieue et demie d'étendue à partir d'Althof, avait resserré sa position pendant la nuit. Sa droite, aux ordres du lieutenant général Toutschoff, protégée par une batterie de quarante pièces de douze, s'appuyait au village de Schloditten. Le centre, commandé par le lieutenant général baron Sachen, couronnait les hauteurs au delà d'Eylau, à la distance de huit à neuf cents pas de la ville.

— C'est sur une de ces hauteurs qu'est placé le spectateur du panorama.

Indépendamment des batteries qui couvraient l'ennemi, une autre batterie de quarante pièces de douze et vingt pièces de six était masquée par l'infanterie de sa première ligne.

L'aile gauche, sous les ordres du lieutenant général Ostermann Folstoi, s'appuyait à Serpallen, où étaient placées, dès la veille, les troupes légères du général Bagawouth ; elles occupaient également Klein-Sausgarten, située en arrière, et était, ainsi que le centre et la droite, sous la protection d'une batterie de quarante pièces de douze.

La première ligne de l'armée russe avait sur son front quatre cents pièces d'artillerie de bataille ; les deuxième et troisième lignes étaient formées en colonnes serrées. Deux divisions aux ordres du général Doctorof composaient la réserve, et étaient également rangées en colonnes serrées sur le centre et sur l'aile gauche.

La cavalerie régulière, — cuirassiers, chevau-légers, dragons et hussards, — commandée par le lieutenant général prince Galitzin, était répartie en différentes divisions sur toute la ligne ; enfin, les cosaques irréguliers éclairaient l'armée et couvraient les ailes à de grandes distances.

Ainsi resserrée, l'armée russe occupait, avec quatre-vingt mille hommes, le front d'une armée de trente mille ; et son général, confiant dans l'incontestable bravoure de cette belle armée, ne s'inquiéta ou ne tint aucun compte des ravages effroyables que devait causer notre artillerie dans une semblable formation ; aussi, pressé d'en venir aux mains, donna-t-il bientôt le signal du combat.

Le premier coup de canon se fit entendre à cinq heures et demie du matin, le 8 février 1807 ; il fut bientôt suivi d'une canonnade générale sur la ville d'Eylau et sur les divisions du 4e corps qui la couvraient. Cette manœuvre extraordinaire parut manifester l'intention de la reprendre. L'Empereur accourut au cimetière, et y arriva au moment où les Russes qui l'avaient tant défendu la veille, allaient s'en emparer. Il les fit repousser par les chasseurs à pied de la garde, et s'y établit avec l'infanterie et quelques escadrons de service, dont il forma une réserve. Il ordonna à quarante pièces de la garde d'occuper le monticule. L'artillerie des maréchaux Soult et Augereau prit position, et cent cinquante bouches à feu foudroyèrent les colonnes russes qui étaient à demi-portée de canon. Tout coup portait dans ces masses profondes, et on les voyait avancer et se fondre sous cette tempête de boulets et de mitraille. Aussi, malgré l'opiniâtreté extrême des Russes, l'énergie des troupes françaises du 4ᵉ corps, les seules qui fussent en ligne, repoussa toutes les tentatives, et donna aux autres corps de cette armée le temps d'arriver. Vers huit heures et demie, les tirailleurs du troisième corps se firent entendre sur le flanc gauche et sur les derrières de l'armée ennemie. Au même instant, la division Friant, 2ᵉ du 3ᵉ corps, précédée du 1ᵉʳ et du 12ᵉ régiment de chasseurs de la brigade Marulaz, longeait en colonne, par régiment, le bois de Molwitten, se dirigeant sur Kein-Sausgarten, 2,000 hommes de cavalerie russe, et, peu après, 8 à 10,000 hommes d'infanterie, descendant des hauteurs à droite de ce village, vinrent à sa rencontre. Le général Friant, mettant à profit des marais mal gelés et couverts de neige, déploya ses troupes, et après un combat long et des plus meurtriers, repoussa cette attaque disproportionnée.

Pendant ce temps, la division Morand, 1ʳᵉ du 2ᵉ corps, s'était dirigée sur Serpallen, et la 1ʳᵉ brigade, aux ordres du général Ricard, fut chargé d'enlever ce village, ce que les 13ᵉ et 3ᵉ de ligne et le 1ᵉʳ bataillon du 17ᵉ firent avec un courage admirable. Ils renversèrent les troupes de Bagawouth, et débouchèrent de Serpallen sous le feu meurtrier des batteries russes. Les colonnes de la 2ᵉ ligne ennemie accoururent au secours de la 1ʳᵉ ligne en déroute.

De son côté, le général Davoust réunit ses troupes, prit position, et aussitôt recommença un nouveau combat aussi sanglant, aussi terrible que le premier.

Mais bientôt une neige épaisse et telle qu'on ne pouvait distinguer à dix pas, couvrit les deux armées. Dans cette obscurité, le point de direction fut perdu, et quelques-unes de nos colonnes, appuyant trop à gauche, flottèrent incertaines. L'ennemi, qui avait démasqué sa batterie de soixante pièces, couvrit de mitraille le terrain qu'elles parcouraient, et une autre batterie plus rapprochée, composée de seize pièces d'artillerie, augmenta les ravages qui décimaient ces colonnes.

C'est contre cette dernière batterie que vint se heurter le 14ᵉ de ligne ayant à sa droite le 16ᵉ léger. Foudroyés par elle, nos soldats continuèrent leur mouvement. Ils s'emparèrent de plusieurs pièces, en forcèrent d'autres à la retraite et culbutèrent à la baïonnette une ligne d'infanterie accourue pour les protéger.

Tout annonçait le plus brillant succès, lorsqu'une charge de cavalerie russe tomba à l'improviste sur le 16e léger qui s'était déployé, le renversa et pénétra avec lui dans le carré du 14e, qui avait eu à peine le temps de se former.

Au milieu des cris des combattants, du bruit des armes et d'une attaque corps à corps, le 14e régiment parvint à se refermer, et alors s'engagea la plus effroyable lutte à l'intérieur et à l'extérieur de ce carré.

Les cadavres d'hommes et de chevaux s'amoncelèrent bientôt alentour, et lui firent un rempart, tandis que la baïonnette exterminait jusqu'au dernier des ennemis qui avaient pénétré dans l'intérieur.

Le lendemain, sur l'emplacement de ce carré, on lisait cette simple inscription :

ICI REPOSENT

28 OFFICIERS ET 190 SOLDATS

DU

14e RÉGIMENT D'INFANTERIE DE LIGNE.

Cinq à six cents autres, couverts de blessures, attestaient de l'énergie de ce combat et conservaient encore la position enlevée, lorsque le capitaine Marbot, aide de camp du maréchal Augereau, vint leur donner l'ordre de se retirer.

Mais, en ce moment, une colonne russe de 4 à 5,000 hommes, presque tous grenadiers, arrivait pour en finir avec les débris de la division déjà si cruellement éprouvée.

La lutte s'engagea aussitôt ; mais elle ne pouvait durer longtemps, et les soldats, ainsi harcelés, firent leur retraite, toujours poursuivis par cette colonne avec laquelle ils échangeaient une fusillade à bout portant.

Le général Heudelet, le corps traversé par une balle, tous les généraux, tous les officiers supérieurs, et la plupart des autres officiers de cette division, tués ou mis hors de combat, laissaient sans chefs une poignée de soldats qui, pourtant, ne cessèrent de combattre que lorsque la victoire eut couronné leurs efforts.

Cependant la division Saint-Hilaire, malgré les obstacles du terrain et la résistance opiniâtre de l'ennemi, avait exécuté les ordres de l'Empereur et fait sa jonction avec la division Morand du 3e corps. Mais, au milieu des tourbillons de neige et de la désolante obscurité qui couvrait les deux armées, de nombreuses colonnes russes, attirées par la retraite du 7ᵉ corps, marchaient et s'emparaient de l'espace précédemment occupé par lui. Déjà ces colonnes partageaient en deux l'armée française ; le péril était imminent, et la bataille paraissait désespérée, lorsqu'enfin le ciel vint à s'éclaircir.

L'Empereur n'eut pas plutôt jeté un coup d'œil rapide sur cette situation critique, qu'il donna des ordres, et aussitôt Murat, avec la cavalerie de réserve, soutenu par Bessières à la tête de la garde, tourna la gauche de la division Saint-Hilaire, et tomba sur l'armée ennemie : — manœuvre audacieuse s'il en fut jamais, qui couvrit de gloire la cavalerie, et qui était devenue un impérieux moyen de salut dans les circonstances où se trouvaient nos colonnes. La cavalerie russe, qui voulut s'y opposer, fut culbutée ; le massacre fut horrible ; deux lignes d'infanterie russe furent rompues, la troisième ne résista qu'en s'adossant à un bois ; et enfin, les escadrons de la garde traversèrent deux fois toute l'armée ennemie.

Cette charge brillante et inouïe, qui avait culbuté plus de vingt mille hommes d'infanterie et les avait obligés à abandonner leurs pièces, aurait décidé sur-le-champ la victoire, sans les bois et les difficultés de terrain. Le général de division d'Hautpoul fut frappé mortellement ; le général Dahlmann, commandant les chasseurs de la garde, et bon nombre de ses intrépides soldats moururent avec gloire.

Cependant, si les Russes avaient éprouvé des pertes immenses, ils n'avaient perdu ni leur courage ni leur audace, et la bataille recommençait, comme toujours, sanglante et opiniâtre, lorsqu'on vit à l'horizon déboucher les colonnes prussiennes, descendant de Guercken sur Althoff, et menaçant ainsi la gauche de l'armée française.

La situation devenait critique, et l'on ne pouvait prévoir que sur ce point ces troupes allaient se porter, lorsque, leur adjoignant toutes ses réserves, l'ennemi voulut tenter un suprême effort. Mais après des combats aussi vifs que meurtriers, nos soldats, animés de l'ardeur la plus inouïe, repoussèrent toutes les attaques et s'emparèrent des hauteurs qui dominent la route de Friedland, position importante, qui enlevait à l'ennemi une de ses lignes de retraite. A trois heures de l'après-midi, les Russes firent encore une tentative désespérée pour reprendre cette position ; mais ils furent repoussés en désordre. Ils reculaient en frémissant ; mais bientôt, furieux et ne se tenant pas pour battus, ils revinrent à la charge avec une incroyable audace, pendant que toute l'artillerie du 3ᵉ corps prenait position sur la hauteur. Alors, foudroyés par elle, fusillés par nos soldats, les Prussiens et les Russes éprouvèrent de si grandes pertes, qu'ils se mirent en retraite, et renoncèrent enfin à des attaques devenues désormais inutiles.

Quelques instants après, ce fut dans l'armée ennemie, ainsi harcelée et en pleine retraite, un désordre extrême que rien ne put faire cesser. Elle se retira à travers champs, après avoir allumé un grand nombre de feux pour donner le change, et fait quelques attaques partielles, qui cessèrent entièrement de dix à onze heures du soir. Elle marcha, sans s'arrêter, jusqu'à Lichtenfeld, à cinq lieues du champ de bataille, et, après quelques instants de repos, elle se remit en mouvement, et roula comme une avalanche jusqu'à Kœnigsberg.

Le général Colbert rapporte qu'au moment où, à la tête du 7e hussards, il chargeait l'ennemi en retraite, un officier russe se précipita vers lui en le suppliant avec l'accent de la plus profonde terreur de ne pas le faire manger par ses soldats !...

— Ainsi on entretenait chez les Russes l'idée que nous étions des anthropophages !

A la suite des combats acharnés dont nous avons parlé avec les détails que comportent les limites de cette notice, le champ de bataille d'Eylau présentait le spectacle le plus horrible.

Qu'on se figure sur un espace d'une lieue carrée, neuf à dix mille cadavres, quatre ou cinq mille chevaux tués, des lignes de sacs russes, des débris de fusils et de sabres ; la terre couverte de boulets, d'obus, de munitions ; vingt-quatre pièces de canon auprès desquelles on voyait les cadavres des conducteurs tués au moment où ils faisaient des efforts pour les enlever : tout cela, sur un fond de neige, avait un relief lugubre s'il en fut, et un tel spectacle était fait pour imprimer aux Princes l'amour de la paix et l'horreur de la guerre.

Dans sa relation de la bataille d'Eylau, le major prussien de Roth, porte à quatre-vingt-dix mille hommes l'armée russe et prussienne, et fait l'énumération des pertes qu'elle éprouva dans les termes suivants :

« Cette bataille meurtrière, qui dura depuis le 7 à trois heures de
« l'après-midi jusqu'au 8 à près de minuit, par conséquent trente
« deux heures et demie consécutives, et dans laquelle les deux ar-
« mées s'étaient battues avec un acharnement sans égal, livre des
« résultats qui répondent aux efforts des combattants. L'armée russe
« perdit 7,000 hommes morts ; 5,000 blessés dangereusement res-
« tèrent sur le champ de bataille ; 14,900 furent transportés à
« Kœnigsberg ; mais un grand nombre moururent de froid et de
« souffrance pendant le trajet. Il y eut neuf généraux blessés et six

« pièces de canon démontées. — Les Prussiens perdirent neuf
« cents hommes morts et blessés, et eurent un seul canon dé-
« monté. »

Roth ne parlant ni des vingt-quatre pièces de canon, ni des seize
drapeaux tombés ce jour-là en notre pouvoir, n'a donc pas tout
avoué.

De son côté, Napoléon, dans le cinquante-huitième bulletin, fait
ainsi connaître les pertes de l'armée française :

(Après avoir cité glorieusement les noms des généraux et des colonels tués ou blessés à l'ennemi, noms déjà mentionnés dans le
cours de ce récit), l'Empereur ajoute : « Notre perte se monte
« exactement à mille neuf cents morts, et cinq mille sept cents
« blessés. »

Si maintenant l'on s'étonne de l'énorme différence des pertes entre les deux armées, il suffit de se rappeler la formation de l'armée russe en masses profondes qui, depuis six heures du matin,
furent exposées jusqu'à la nuit, souvent à demi-portée de canon,
aux ravages d'une artillerie formidable, tandis que nos troupes, in-
férieures en nombre et dans l'ordre mince, ne furent engagées que
pour les besoins du service.

Parmi les chefs et les corps sous leurs ordres, cités comme s'é-
tant particulièrement distingués dans cette bataille sanglante et mémorable, nous remarquons : — le major Pouchelon, du 33ᵉ de ligne
— le colonel Barbanègre, du 48ᵉ ; — le colonel Rotembourg, du
108ᵉ ; — le chef de bataillon Villeneuve, commandant l'artillerie, et
le chef de bataillon Glauchaut, tous les deux blessés ; — le capitaine
Jarry, qui remplaça le commandant Villeneuve, et eut deux chevaux tués sous lui ; — le capitaine Chémin, de l'artillerie légère,
qui, ayant eu successivement toutes ses pièces démontées par le
feu de l'ennemi, et ne voulant pas survivre à sa batterie, alla se
faire tuer au milieu des Russes avec son ordonnance qui ne voulut
pas le quitter.

Nous regrettons vivement de ne pouvoir donner, dans cet aperçu,
de plus amples détails sur les actes de bravoure et d'intelligence
qui se manifestèrent au milieu de notre héroïque armée, et nous
mentionnerons, en terminant, un fait du plus haut intérêt, entièrement à la louange du chirurgien en chef Larrey. Tels furent les soins,
les précautions et la sollicitude éclairée que le chef d'un aussi im-
portant service sut mettre à organiser et à surveiller les convois de
blessés dirigés sur Thorn, que malgré les moyens si incomplets de
transport qu'offrait le pays, et les rigueurs de la saison, de tous les

malheureux amputés et autres grièvement blessés, transportés à une si grande distance, il ne périt que la onzième partie, et que ce voyage hâta la guérison des autres, selon la prévision de l'homme de bien et de talent qui avait provoqué cette mesure.

Tel est le récit de la bataille d'Eylau où comme le disait l'Empereur, la moitié de l'armée française n'arriva qu'après la victoire, et l'autre moitié ne s'en ressaisit que par des efforts de courage et des dispositions du moment. L'ennemi avait tenté de tourner nos colonnes, il échoua dans tous ses projets et fut battu.

Le brillant combat d'Ostrolenka, sur les bords de la Narew, et bientôt le siége et la prise de l'importante place de Dantzig, sans que l'ennemi osât s'y opposer furent les conséquences et les trophées de la bataille d'Eylau.

Les détails qui précèdent, bien que nécessairement incomplets, confirment les paroles du colonel Langlois par nous placées au commencement de cette notice, et ont le mérite, grand à nos yeux, de renfermer tout à la fois des enseignements et des espérances. — Les soldats qui ont fait de tels prodiges de valeur à Eylau, étaient les pères des soldats d'aujourd'hui, et Frédéric le Grand savait bien apprécier l'armée française lorsqu'il disait : « Si j'étais roi de France, il ne se tirerait pas un seul coup de canon en Europe sans ma permission.

BATAILLE DES PYRAMIDES

Exposé en 1853

A l'époque de l'exposition du panorama de la bataille des Pyramydes, le colonel Langlois qui excellait à raconter avec le charme puissant de la vérité, disait dans ses entretiens intimes si attrayants et si instructifs :

« Ceux qui ont existé pendant la Révolution se rappellent encore l'enthousiasme de la France et l'étonnement de l'Europe entière, lorsqu'on apprit l'attaque et la prise de Malte, une des plus fortes places du monde, par une armée dont beaucoup ignoraient l'existence et dont les plus instruits connaissent à peine le départ de Toulon.

« Napoléon commandait cette armée, et dix jours lui suffirent pour accomplir cette importante conquête, en organiser le gouvernement, assurer sa défense, régulariser le sort des vaincus, ravitailler la flotte et partir pour d'autres contrées. — Lesquelles? personne ne le savait ; mais on apprit bientôt que les Anglais avaient augmenté leur flotte dans la Méditerranée, et qu'ils étaient à la poursuite de la nôtre.

« Dès lors les bruits sinistres commencèrent à circuler ; les malheurs passés de notre marine faisaient redouter quelque nouvelle catastrophe.

« Aussi l'admiration fût-elle sans bornes quand on connut le débarquement de l'armée au Marabout, la prise d'assaut d'Alexandrie, où Kléber et Menou furent blessés en combattant à la tête de leurs grenadiers ; celle d'Aboukir, de Rosette ; la marche de l'armée sur le Caire à travers le désert ; la chaleur accablante, les privations et les souffrances de tout genre qu'elle eut à supporter ; sa première rencontre avec les mamelucks à Dammanhour ; le combat de Chobrays contre une partie de leur armée, où notre flottille en péril, secondée par l'armée de terre déjà victorieuse, obtint, elle aussi, un brillant succès.

« Enfin la bataille des Pyramides et la prise du Caire, qui en fut la suite : éblouissant prélude de la conquête de l'Égypte désormais assurée.

« C'est cette bataille décisive qui fait le sujet du nouveau panorama. J'ai puisé, pour en donner l'explication, dans le bulletin rédigé sur les lieux mêmes du combat dans les écrits qui retracent avec le plus de fidélité cette mémorable journée, mais surtout dans les immortelles dictées de l'Empereur à Sainte-Hélène, dont j'ai pu reconnaître l'extrême exactitude jusque dans les plus petits détails, pendant près d'un an que j'ai mis à parcourir toutes les parties de l'Égypte, celles principalement qui furent témoins de la gloire de nos armes, et où le souvenir s'en transmet d'âge en âge. »

EXPLICATION DE LA BATAILLE AU MOMENT REPRÉSENTÉ PAR LE PANORAMA.

On a donné le nom d'*Em-Babèh* à la réunion de quatre villages situés sur la rive gauche du Nil, vis-à-vis de Boulac et du Caire.

C'est sur la terrasse d'une maison du plus méridional de ces villages, et dans le camp même des Turcs, qu'est placé le spectateur.

Le moment choisi est la seconde phase de la bataille. Il est six heures du soir ; le soleil est encore au-dessus de l'horizon, et son disque, voilé par la poussière et la fumée, éclaire de ses rayons brûlants cette plaine où la valeur de nos soldats met en déroute une armée de plus de soixante-dix mille hommes.

En faisant face au soleil, c'est-à-dire au couchant, le spectateur voit se dérouler à ses pieds une longue ligne ondulée, garnie de quarante pièces de canon, qui forme l'enceinte du camp retranché de l'ennemi ; à gauche, le camp s'appuie à un canal dont les digues assez élevées, interceptent la communication entre Em-Babèh et Gisèh. Un mauvais pont sert à franchir ce canal, et forme un étroit défilé.

Les mamelucks viennent d'être dispersés à Bechtyl, laissant la terre couverte de leurs morts. Nos carrés reprennent partout l'offensive. Le général en chef Bonaparte, accompagné de son état-major et de généraux parmi lesquels figurent Murat et Berthier, est placé dans le carré de la division Dugua, d'où il dirige tout et appuie les colonnes d'attaque de la division Bon. Une colonne détachée de cette division, et conduite par le brave général Rampon, attaque les retranchements et s'en empare, ainsi que des pièces qui les défendent. Le carré s'est formé ; les Mameluks le pressent de tous côtés, l'attaquent avec furie, et viennent expirer en grand nombre sous les baïonnettes de nos soldats.

Cependant, Mourad-Bey, leur chef intrépide, que la nature avait doué d'un grand caractère et du plus brillant courage, fournit encore plusieurs charges désespérées. Ne pouvant, malgré leurs attaques réitérées, pénétrer dans le carré, ses cavaliers retournent leurs chevaux avec fureur, les font se cabrer, et se renversent avec eux, sur nos baïonnettes ; percés de coups, ils succombent ; mais ils ont ouvert une brèche par où pénètrent d'autres mamelucks, qui tous périssent à leur tour. Telle est la rage de ces derniers, qu'on voit les blessés eux-mêmes se traîner expirants pour couper les jambes de nos soldats.

Le désordre est à son comble ; à gauche, il est encore augmenté par l'explosion d'un baril de poudre. Les mamelucks veulent fuir dans la direction des Pyramides ; mais le général Marmont, avec un bataillon de la 4° demi-brigade légère, placé à gauche du général Dugua, et soutenu par ce dernier, s'étend du canal jusqu'au fleuve, reçoit l'ennemi à bout portant, en fait un grand carnage et le force à se précipiter dans le Nil.

A droite de la direction du soleil, dans le milieu de la plaine, se

dessine le carré du général Bon, et plus loin, vers le nord, celui
du général Vial. Les colonnes de ce dernier attaquent l'avant-garde
des mamelucks, l'entourent, la séparent du camp qu'elle appuyait, et
la poussent vers le Nil, de l'autre côté des villages. Au même
instant, les deux dernières colonnes du général Bon ont pénétré
dans le camp, là où les tentes turques sont les plus nombreuses.
Ces colonnes se sont emparées de l'artillerie et ont tout culbuté
devant elles. Les mamelucks, repoussés, se rejettent sur leur infanterie, et tous pêle-mêle, au milieu des tentes, des chameaux et des
bagages, dominés par la terreur, se dirigent vers leurs barques et
se précipitent dans le fleuve.

Comme on le voit, sur toute la ligne, dans une étendue d'une
lieue, le combat s'est engagé, et sur quelques points, avec un
acharnement extrême ; mais sur plusieurs autres, les blessés et les
fuyards entassés commencent la catastaophe que les divisions Bon
et Vial devaient terminer en les forçant à se jeter dans le Nil.

Si le spectateur se retourne vers l'est, il voit à l'horizon la montagne de Mokatan, au pied de laquelle se dessine le Caire avec ses
innombrables minarets. La ville est déserte ; toute sa population,
les vieillards, les femmes, les enfants sont accourus sur les quais
et les terrasses, et les couvrent ainsi que l'île de Boulac. Pleins
d'anxiété, ils veulent assister au dénoûment d'un drame d'où
dépend la vie de leurs pères, de leurs époux, de leurs fils et
leur propre destinée.

La flotte égyptienne, composée d'une frégate, d'une grande
quantité de bricks, djermes, caïques et autres bateaux, et chargée
de tous les trésors, de toutes les richesses de l'Égypte, couvre la
surface du Nil.

En voyant la bataille perdue, Mourad-Bey, pour que ces richesses
ne tombent pas dans nos mains, a donné le signal de l'incendie ;
— une partie de la flotte est embrasée, et ce n'est qu'avec la plus
grande peine que les marins et les fuyards qui remplissent les barques échappent aux flammes et aux dangers de toutes sortes qui
les menacent.

Le reste de la flotte fut incendié à la fin de la bataille, et, pendant
la nuit, une lueur sinistre éclaira les rives du Nil, le Caire, et s'éten-
dit jusqu'aux Pyramides de Gisèh.

De douze mille mamelucks, trois mille seulement, avec Mourad-Bey,
se retirèrent dans la haute Égypte ; douze cents, qui étaient avec
Ibrahim-Bey sur la rive droite, firent depuis leur retraite sur la
Syrie ; sept mille périrent dans cette bataille, si fatale à cette brave

milice, qui ne s'en releva jamais. Les Arabes, suivant leur coutume, voyant la bataille perdue, s'éloignèrent et se dispersèrent dans les déserts.

Les cadavres des mamelukcs portèrent en peu de jours à Damiette, à Rosette, et dans les villages de la basse Égypte, la nouvelle de la victoire de l'armée-française. La consternation fut générale, et parmi ceux qui suivirent Mourad-Bey dans sa retraite, la terreur fut si grande, que s'étant arrêtés dans des villages à quatre lieues du champ de bataille, ils en sortirent précipitamment au milieu de la nuit sur la fausse nouvelle de l'arrivée des Français, et ne s'arrêtèrent plus qu'à Béni-Soueff, à vingt lieues des Pyramides.

Ce fut au commencement de cette bataille que Napoléon adressa à l'armée ces paroles devenues si célèbres : — « Soldats, du haut de ces Pyramides, quarante siècles vous contemplent! »

La perte totale de l'armée ennemie, en tués, blessés ou noyés, fut de dix mille hommes, mamelucks, Arabes, Janissaires, etc. De ces dix mille hommes, près de deux mille étaient restés sur le champ de bataille.

La perte de l'armée française fut de trente-cinq à quarante hommes tués, et deux cent soixante blessés grièvement (1).

Le général Bonaparte louant ses soldats de leur contenance dans cette occasion, disait que s'ils s'étaient abandonnés à leur ardeur ordinaire, ils n'auraient pas eu la victoire, qui ne pouvait s'obtenir que par un grand sang froid et une grande patience. Mais la différence si considérable entre les pertes des deux armées tenait encore à d'autres causes. Lorsque les dispositions savantes pour percer le centre des mamelukcs furent suspendues par la charge impétueuse de Mourad-Bey, Napoléon improvisa aussitôt un nouveau plan d'attaque pour faire échouer cette charge, en accroître le désordre, le rendre irréparable, et attaquer ensuite le camp retranché. Dans cette situation, les feux des mamelucks, lancés au galop des chevaux, étaient peu dangereux et se perdaient dans le vide, tandis qu'en défilant sous les baïonnettes de nos soldats, ils en recevaient à bout portant les coups les plus meurtriers ; aucune balle n'était perdue au milieu de cette avalanche d'hommes et de chevaux inondant la terre et roulant autour des carrés. Si l'on ajoute les feux de trente-six pièces de la meilleure artillerie du monde, qui sillonnaient ces masses dans tous les sens, les broyant de leurs boulets et de leur mitraille, on concevra les pertes immenses que les mamelucks durent

---

(1) *Rapports officiels* et mémoires du docteur Larrey.

éprouver comparativement aux ,nôtres. On concevra aussi leur stupéfaction et leur effroi à la vue d'un tel carnage.

La force totale de l'armée française sur le champ de bataille, déduction faite de 3,000 hommes à pied restés à bord de la flottille, était de 18,000 hommes de toutes armes, dont 16,000 en infanterie. La chaleur était accablante, la marche lente et difficile.

Du côté de l'armée turque, les combattants surgissaient de toutes parts de cette terre embrasée ; elle en était couverte. Le soleil, qui dardait ses rayons sur les riches costumes des mamelucks, sur leurs armes étincelantes, sur leurs chevaux couverts de harnachements magnifiques, faisait briller de tout son éclat cette indomptable milice, et, au milieu de cette plaine diaprée des plus vives couleurs, marchaient lentement nos carrés aux teintes sombres, aux armes de fer sans ornements. Couverts de poussière, ils présentaient l'aspect de la pauvreté au milieu de l'opulence ; mais bientôt ils allaient se transformer en murailles de feu d'où sortirait la foudre.

L'heure suprême allait sonner ; mais cette fois, du moins, c'était au profit de la civilisation et de l'humanité, car l'Égypte allait enfin se voir délivrée du joug oppresseur des mamelucks qui, depuis si longtemps, pesait sur elle, et inaugurer les germes d'une ère nouvelle par les noms magiques des Pyramides et du Mont-Thabor.

Nous avons décrit la bataille des Pyramides, proprement dite, telle qu'elle s'offrit aux yeux émerveillés des spectateurs du panorama ; nous allons maintenant essayer de retracer quelques-uns des principaux faits qui précédèrent et suivirent cette bataille à jamais mémorable, et de donner un aperçu de la contrée si fertile en grands souvenirs qui en fut le théâtre.

DÉPART DE L'ARMÉE FRANÇAISE POUR L'ÉGYPTE

Merveilles qui frappent ses regards en y arrivant. — Curieux et intéressants détails religieux, historiques, scientifiques, etc.

Après s'être emparé d'Alexandrie le 1er juillet 1798, l'armée en partit le 7, et arriva le 19 à Omm-Dinar, vis-à-vis de la pointe du Delta, à cinq lieues du Caire. Elle aperçut pour la première fois les Pyramides de Gisèh qui étaient à cinq lieues de là. Toutes les lunettes furent braquées sur ces monuments, les plus grands et les plus anciens qui soient sortis de la main des hommes, et longtemps cités comme une des sept merveilles du monde.

Les trois Pyramides bornaient l'horizon du désert, et apparaissaient comme trois immenses rochers ; mais en les regardant avec attention, la régularité des arêtes décelait la main des hommes. Élevées pour servir de tombeau à Souphis Iᵉʳ, Souphis II et Menkerês, rois de la 4ᵉ dynastie, leur construction serait antérieure de vingt siècles à tout ce que les autres peuples nous ont légué de plus antique. Contre ces masses gigantesques sont venus se briser l'action des siècles et les efforts des hommes. Tout ce qu'ils ont pu faire a été de détruire le revêtement en marbre qui recouvrait les deux principales pyramides, et six ou sept mètres de la partie supérieure de la plus grande. Avant ces mutilations, cette dernière avait à sa base deux cent trente-deux mètres soixante-quatorze centimètres sur chaque face, et cent quarante-six mètres de hauteur. La surface de sa base dépassait cinquante-trois mille mètres carrés, et le volume de la pyramide excédait deux millions six cent mille mètres cubes.

De nos jours, cinq cents millions ne suffiraient pas pour construire un tel monument, et cependant, cette montagne de pierres taillées avec tant de soin n'a pu mettre à l'abri de la profanation, des outrages et de la plus entière destruction, les momies qu'elles devaient protéger contre une avide curiosité, contre les tempêtes du désert et les révolutions humaines, plus terribles encore.

Les pyramides de Saqqâh au sud, que l'on aperçoit comme une faible vapeur à l'horizon, et celles de Gisèh au nord, indiquent la position des nécropoles de Memphis, qui était placée entre elles. C'était une des plus grandes et des plus magnifiques capitales du monde. Afin d'augmenter sa défense, ses rois avaient forcé le Nil à changer son coursr Rien ne surpassait ses temples ; rien n'égalait son labyrinthe et ses autres palais, et c'est par l'étendue seulement qu'elle le cédait à Thèbes aux cent portes, et quelle devait être surpassée plus tard par Alexandrie, sous les Ptolémées et sous la domination romaine.

En face de cette ville, sur l'autre rive, est un vaste terrain bouleversé, appelé Qasr-el-Chamâ (château de la lumière). Là des amas de décombres et des murailles renversées indiquent l'emplacement où fut Babylone, que les Perses, conduits par Cambyse, élevèrent en souvenir de leur patrie.

Aujourd'hui, sur ces lieux si célèbres par tant de vicissitudes et de catastrophes, il existe une chétive bourgade de chrétiens et quelques couvents cophtes ou grecs, dans lesquels on conserve des traditions religieuses. C'est dans l'un d'eux, sous l'invocation de Saint-Georges de *Babyloun*, que les prêtres vous font voir la grotte, transformée en chapelle souterraine, où la Vierge se retira avec l'Enfant Jésus, lorsqu'ils vinrent en Égypte chercher un asile contre la persécution d'Hérode.

Plus loin, au coude du Nil, un autre couvent a été élevé sur le lieu même où la tradition consacre que la fille de Ramsês, la princesse Thermutis, reçut, des mains de ses suivantes, le berceau où Moïse avait été déposé, berceau qu'elles avaient découvert au milieu des roseaux du Nil.

En revenant au Caire de ces lieux de pèlerinage, on voit sur un contre-fort du Mokatam se dessiner les contours de la citadelle construite par le sultan Saladin (Salah-ed-Dyn). Cette citadelle renferme le puits de Joseph, de deux cent soixante-douze pieds de profondeur, au bas duquel on peut descendre à cheval par une pente assez douce.

Si l'on quitte le Caire pour aller voir les ruines d'Héliopolis, célèbre dans la plus haute antiquité par sa grandeur, la beauté de ses temples, la science de ses colléges, et, de nos jours, illustrée par la gloire de l'armée française et du général Kléber, on rencontre, près de Matariêh, un immense sycomore, qu'on appelle l'arbre de la Vierge. Il est l'objet d'un culte profond de la part des chrétiens, parce que la Sainte Famille s'y reposa dans sa fuite en Égypte, et les Musulmans le révèrent également, parce que, à leurs yeux, Jésus est un grand prophète de Dieu.

A Matariêh, il existe une fontaine qui est également l'objet d'un culte religieux, parce que, à la même époque, la Vierge y baigna l'Enfant-Jésus.

Ainsi, sur les bords merveilleux du Nil se trouvent partout les traces des religions qui ont dominé et qui dominent encore la plupart des peuples de la terre. Les grands mouvements imprimés à l'espèce humaine sont partis de ces lieux où sont venus s'y perdre; et cette terre a retenti du bruit des armées des nations puissantes et des conquérants illustres, depuis la plus haute antiquité jusqu'à Napoléon, dont les tribus les plus lointaines ont conservé la mémoire sous le nom de Sultan *Kébir*.

Déduction faite des 4,000 hommes laissés à Malte pour sa défense, l'armée française comptait 29,300 hommes et 1,000 non combattants lors de son débarquement à Alexandrie. Afin d'éviter de donner l'éveil à l'attention publique, l'expédition, qui devait être secrète et rapide, au lieu de s'embarquer dans un seul port, était partie en même temps de Toulon, de Marseille, de la Corse, de Gênes et de Civita-Vecchia. La Commission des sciences et arts formée par les soins du jeune commandant en chef, qui avait tout prévu et pourvu à toutes choses, emmenait avec elle des ouvriers, des bibliothèques, des imprimeries française, arabe, turque, grecque et des interprètes de toutes les langues.

Le général Berthier était chef de l'état-major général de l'armée. Le général Cafarelli commandait le génie, et avait sous ses ordres bon nombre d'officiers les plus distingués de cette arme. Le général Dammartin commandait l'artillerie; sous lui les généraux Songis et Faultrier. Les généraux Desaix, Kléber, Menou, Reynier, Dugua étaient les lieutenants généraux.

Parmi les généraux de brigade, on citait les généraux Murat, Lannes, Lanusse, Vial, Vaux, Rampon, Junot, Marmont, Davoust, Friant, Belliard, Leclerc, Verdier, Andréossy, etc.

La Commission des savants et des artistes, qui était à la suite de l'armée, était dirigée par le général Cafarelli. Cette Commission était composée des académiciens Monge, Berthollet, Dolomieu, Denon; des ingénieurs des ponts et chaussées Lepère, Girard; des mathématiciens Fournier, Costaz, Corancez, Malus; des astronomes Nouet, Beauchamp et Méchain jeune; des naturalistes Geoffroy Saint-Hilaire, Savigny; des chimistes Descostils, Champy et Delisle; des dessinateurs Dutertre et Redouté; des musiciens Rigel et Villoteau, du poëte Parseval; des architectes Protain, Norry; enfin de Conté, qui était à le tête des aéronautes, homme universel, ayant le goût, la connaissance et le génie des arts, précieux dans un pays éloigné, et capable de créer les arts de la France au milieu des déserts de l'Arabie.

A la suite de cette Commission était une vingtaine d'élèves de l'École polytechnique ou de celle des Mines, parmi lesquels se sont fait remarquer Jomard, Dubois Aymé, Lancret, Chabrol, Rozières, Cordier, Regnault, Devilliers, Jolbois, Favier, Moret, etc.

C'est de l'ensemble des travaux de tous ces hommes distingués qu'a été formé le magnifique ouvrage de la Commission d'Égypte.

———

SIÉGE DE SÉBASTOPOL

Exposé en 1860

(Voir la note de la fin).

Au commencement du siége, la tour Malakoff avait deux étages crénelés ainsi que le rez-de-chaussée ; mais sa partie supérieure ayant été démolie sous le feu des batteries anglaises, elle fut rasée par les Russes au niveau du premier étage. Ses débris servirent à exhausser le terre-plein et à augmenter le relief des batteries irrégulières qui enceignaient et protégaient ce point. Cette partie de la défense était appelée bastion Korniloff par les Russes et Malakoff par les armées alliées, du nom de la tour qui lui servait de réduit.

Le spectateur, placé sur les restes de cette tour, se trouve ainsi au milieu des retranchements russes ; il peut apercevoir dans leur ensemble la ville, le port de Sébastopol et l'immensité des travaux exécutés de part et d'autre pendant le siége.

La ville apparaît avec ses temples, sa bibliothèque, la maison d'asile surnommée la Maison-Verte, ses théâtres, ses promenades, et sur un terrain plus rapproché, séparé par le port Sud, les vastes casernes de l'Hôpital de la Marine.

Si les retranchements de Malakoff et le feu du combat masquent de grands magasins, ainsi que les docks et les écluses, on peut voir cependant la machine à mâter, le fort Paul et l'extrémité du faubourg Karabelnaïa qui les entourent.

Le port de Sébastopol, vaste et profond, était défendu, sur la rive droite, par les forts Constantin, de 104 canons ; Michel, de 90 ; Catherine, de 30 ; il l'était aussi par d'autres batteries de moindre importance, disséminées à mi-côte depuis la tour Maximilienne jusqu'au village de Savernïa.

Toute cette partie était couronnée par le fort du Nord, la seule défense extérieure de ce côté de la rade et dont la possession entraînait celle de la flotte et de la ville, ou leur destruction inévitable.

Depuis, on a pu se convaincre que, malgré les travaux faits à cette dernière citadelle pendant et après le siége, sa force était bien inférieure à son importance, et qu'elle n'aurait pu résister à la pression d'une armée victorieuse.

La rive gauche, beaucoup plus développée, était défendue par les forts de la Quarantaine, de 60 canons, et d'Alexandre, de 90, croisant leurs feux avec ceux du fort Constantin ; par le fort Nicolas, de 200 pièces, et par le fort Paul, de 84 ; 719 bouches à feu armaient toutes les batteries de la marine et protégaient une flotte de 14 vaisseaux de ligne, dont 2 à trois ponts ; plus 6 frégates, 12 vapeurs, des avisos, quelques autres bâtiments et 2 ou 3 gros vaisseaux fort vieux servant de pontons à l'arsenal.

Cette flotte, commandée par l'amiral Nakimoff, avait, au commencement de la guerre, détruit, à Sinope, une partie considérable de la flotte turque qui s'y était réfugiée ; elle devait être anéantie à son tour, mais par les Russes eux-mêmes ; ainsi après la bataille, de l'Alma, craignant une attaque combinée des flottes et des armées victorieuses, ils s'empressèrent de saborder 8 de leurs vaisseaux, et, dans leur impatience, de les couler à coups de canon entre les forts Alexandre et Constantin, ne sauvant rien de ce qu'ils contenaient, mais se donnant ainsi la possibilité de détruire tout ce qui restait de la marine sans qu'on pût les en empêcher. Ce sont les mâts et les hunes des vaisseaux coulés qui produisent les brisants à l'entrée du port.

Cinq autres navires formèrent, plus tard, une nouvelle estacade et de nouveaux brisants ; mais dans la nuit qui suivit la prise de Malakoff, tout ce qu'on voit encore de cette belle flotte disparut sous les eaux, et on n'apercevait plus le lendemain que les deux frégates et les deux corvettes sous vapeur qui avaient été détachées la veille des flottes française et anglaise pour croiser au large et surveiller l'entrée du port et les mouvements de la marine russe.

Nous devons dire que les formidables batteries du port n'étaient, pour la plupart, du côté de la terre, que de simples casernes devant succomber avec les défenses extérieures de la place ; or, ces défenses, qui, sur la rive droite, se bornaient au seul fort du Nord, étaient, sur la rive gauche, composées de huit bastions principaux couronnant les hauteurs.

A peine tracés lors du débarquement, ils étaient devenus, pendant le siége, de formidables forteresses, reliées entre elles par un système de fortifications adaptées aux formes accidentées du terrain.

On les désignait dans l'armée alliée sous les noms suivants : 1° le bastion de la Maison en Croix ou batterie de la Pointe, à l'extrémité orientale de la place ; 2° le petit Rédan ; 3° le bastion Malakoff, auquel se réunissait la batterie Gervais ; 4° le grand Redan ou Redan des Anglais ; 5° le bastion du Mât ; 6° le bastion Central ; 7° le bastion de la Quarantaine dominant la ville. Ce bastion était réuni au précédent par la formidable redoute Rostiloff et la lunette Boutakoff ; il était, en outre, mis en communication avec le fort de la Quarantaine par la longue batterie Chémiakmie, et avec le fort Alexandre par la muraille crénelée qui s'étendait du bastion Central jusqu'au fort de l'artillerie ou bastion numéro 8. Ce fort, qui avait un réduit, occupait l'extrémité occidentale de l'enceinte et servait à la fois à la défense extérieure et à celle de la marine.

Cette vaste enceinte couvrait à de grandes distances la ville de Sébastopol, les casernes, le faubourg Karabelnaïa et les nombreux établissements de premier ordre élevés à grands frais par le gouvernement russe.

Après avoir exécuté de si prodigieux travaux de défense pendant le siége , après avoir accumulé traverses, places d'armes, coupures, blindages, galeries de mines et batteries de toutes sortes, sous la direction aussi intelligente qu'énergique du général Tottleben, les Russes prirent l'offensive ; l'affaire de Balaclava, quoique indécise, les remplit de confiance, et lorsque l'armée du Danube et deux princes de la famille impériale arrivèrent à Sébastopol, l'enthousiasme fut extrême et ils livrèrent la bataille d'Inkermann.

Déçus dans leurs espérances, quelque temps consternés par la la perte de cette sanglante bataille, les Russes reprirent bientôt une vigoureuse initiative, sortirent de leur enceinte, s'avancèrent à de grandes distances au-devant des assiégeants, élevant partout de nouvelles batteries et manifestant hautement les plus audacieux desseins.

Quoique moins apparents, les travaux des alliés prenaient jour et nuit d'immenses développements. C'était dans le roc qu'ils devaient ouvrir leurs tranchées, élargir leurs parallèles, creuser des mines, élever des batteries contre celle des Russes, et ils avaient, en outre, à préserver, par des blindages, leurs magasins à poudre. Ces difficultés étaient encore augmentées par de nombreux ravins profondément encaissés dans des terrains escarpés et rocheux, qui rendaient longues et difficiles les communications, et donnaient lieu à une guerre d'embuscades et de surprises dangereuses aux assiégeants.

Les principaux ravins étaient: celui du Carénage, ceux de Karabelnaïa, du Laboratoire, des Anglais. sans parler de beaucoup d'autres encore. Cependant, les travaux, qui se poursuivaient sans trêve et sans repos, surtout dans la seconde période du siége, sur le sol dénudé comme dans les entrailles de la terre, avaient pris, du 9 octobre 1854 au 16 août 1855, un développement de plus de 80 kilomètres, vingt lieues d'étendue..

Ils étaient arrivés aux attaques de gauche à 50 ou 60 mètres du bastion du Mât et du bastion Central; tandis qu'aux attaques de droite ils n'étaient plus qu'à 25 ou 30 mètres des fossés Malakoff et de ceux du petit Redan.

L'artillerie française avait 635 bouches à feu en batteries ; 354 aux attaques de gauche, commandées par le général Le Bœuf et l'amiral Rigault de Genouilly, et 281 aux attaques de droite, qui se trouvaient sous les ordres du général Beuret et du lieutenant-colonel Pélissier, de l'artillerie de marine.

Les Anglais occupaient le centre de la ligne; ils avaient leurs tranchées à 250 mètres du grand Redan; 179 bouches à feu armaient leurs batteries; c'était donc 814 pièces du côté des alliés, dont les feux convergents fouillaient tous les travaux de la défense. Les Russes en avaient plus de 1,200; mais beaucoup étaient placées aux flancs et à la gorge des ouvrages et battaient les débouchés des ravins, en prévision des attaques dangereuses qui pouvaient y être tentées. Ces prévisions ne s'étant pas réalisées, les pièces furent souvent détruites et leurs canonniers périrent en grand nombre sans utilité pour la défense de la place.

Aussi, depuis longtemps, la situation des Russes devenait chaque jour plus difficile; l'expédition de Kertsch avait détruit la principale source de leurs approvisionnements, et, dans une série de brillantes actions, leurs ouvrages extérieurs avaient été enlevés et retournés contre eux. Les sorties et la guerre souterraine ne leur avaient pas été moins funestes; tout présageait une catastrophe.

Pour s'assurer une retraite, ils construisirent un pont de radeaux, long de 900 mètres, établissant une communication entre le fort Nicolas et le fort Michel; et, rassurés de ce côté, ils reprirent l'offensive, en appelèrent au sort des armes et livrèrent, le 16 août 1855, la bataille de la Tchernaïa.

Une attaque à l'improviste, la connaissance des lieux qu'ils avaient déjà occupés, une grande supériorité numérique en infanterie et en artillerie, étaient autant de causes qui devaient, surtout au commencement de la bataille, leur assurer la victoire; il en fut autrement. Après avoir éprouvé, en quelques heures, une perte de plus de 10,000 hommes, tués ou blessés, l'armée russe se retira dans ses positions et, le lendemain, les assiégeants célébraient ce nouveau succès en ouvrant le feu de leurs batteries contre Sébastopol.

Le prince Gortschakoff, dans son rapport à l'empereur Alexandre, s'exprime en ces termes :

« Le 17 août, dit-il, commença le feu de toutes les batteries assié-

« geantes contre celles des Russes. Il fut continué pendant cinq
« jours. Durant cette période, les pertes s'élevèrent ; le premier
« jour, à 1,500 hommes et les jours suivants à 1,000, jusqu'au 22. Du
« 22 août au 5 septembre, elles étaient de 5 ou 600 hommes dans les
« vingt-quatre heures ; mais, à partir de ce jour, l'assaillant ren-
« força, d'une manière incroyable, la canonnade et le bombarde-
« ment, ébranlant et détruisant les ouvrages russes sur toute la ligne
« de défense, tantôt par des salves de toutes les batteries, tantôt par
« un feu roulant d'artillerie.

« Ce feu infernal, dirigé contre les embrasures et les merlons,
« indiquait clairement l'intention de l'ennemi de démonter nos piè-
« ces, de détruire nos ouvrages et de donner ensuite l'assaut à la
« place.

« Les parapets, en s'effondrant, comblaient les fossés, les merlons
« s'écroulaient ; il fallait à chaque instant déblayer les embrasures ;
« les servants des pièces périssaient en grand nombre et l'on par-
« venait à peine à les remplacer.

« Dans cette période, la perte fut énorme ; du 5 au 8 septembre,
« 4 officiers supérieurs, 47 officiers et 3,917 sous-officiers et soldats
« furent tués ou mis hors de combat, sans compter les artilleurs. »

L'armée russe avait donc éprouvé une perte d'environ 18,000 hommes par le feu de notre artillerie, malgré les parapets et les nombreux blindages qui abritaient les défenseurs de la place.

Dans cette même période, les Français perdirent 3,815 hommes.
Malgré tant de ravages, les Russes élevaient encore, en arrière de
Malakoff, une nouvelle enceinte, qu'il importait de ne pas leur laisser
terminer. Il fallait en finir aussi avec la guerre de mines qu'ils poursuivaient avec une énergie extrême. D'ailleurs, notre artillerie épui-
sait ses munitions et l'armée brûlait du désir de combattre ; le moment tant désiré d'une attaque était donc arrivé. Déjà les généraux en chef des armées alliées, le général Pélissier et le général Simpson, les amiraux Lyons et Bruat, s'étaient mis d'accord sur
l'ensemble des opérations et sur l'heure où elles devaient com-
mencer.

Le général Bosquet commandait la droite, composée du deuxième
corps, Mac Mahon, Lamotte-Rouge et Dulac.

Ces divisions avaient pour soutien les brigades Wimpfen et de
Marolles, détachées du corps d'observation, et pour réserve, la garde
impériale, commandée par le général Mellinet. A ce corps d'armée
étaient dévolues les opérations principales ; les deux autres attaques,
celle du centre, dirigée par le général Codrington, et celle de gauche,

commandée par le général de Salles, ne devaient avoir lieu qu'à un signal convenu, et, après un premier succès, afin de diviser les forces de l'ennemi et d'opérer une puissante diversion.

Les généraux chargés de ces différentes attaques avaient reçu des instructions à ce sujet.

Le 8 septembre, vers huit heures du matin, pendant la plus vive canonnade, le génie avait lancé, sur le bastion Central, deux tonneaux chargés de 100 kilogrammes de poudre, qui firent explosion dans l'intérieur de l'ouvrage.

A la même heure, il fit jouer trois fourneaux de 500 kilogrammes chacun, préparés sous les glacis de Malakoff, non loin du fossé, dans le but de détruire les travaux des mineurs russes que l'on avait entendus dans les tranchées.

Depuis le matin, ces tranchées se remplissaient de soldats ; les parallèles, les places d'armes étaient encombrées par les troupes de soutien, et jusque dans les ravins se massaient de nombreuses réserves.

« A midi précis, toutes nos batteries cessèrent de tonner pour « prendre un tir plus allongé sur les réserves de l'ennemi. A la voix « de leurs chefs, les divisions de Mac Mahon, Dulac et Lamotte-« Rougé, sortent des tranchées ; les tambours et les clairons battent « et sonnent la charge, et, au cri de : Vive la France ! mille fois « répété sur toute la ligne, nos intrépides soldats se précipitent sur « les défenses de l'ennemi. Ce fut un moment solennel.

Le 1er bataillon du 1er de zouaves et le 1er bataillon du 7e de ligne à droite se dirigent sur l'angle de la courtine ; au centre le 2e bataillon de zouaves, et à gauche les 2e et 3e bataillons du 7e s'élancent des tranchées à travers des terrains minés ; tous se précipitent dans les fossés de Malakoff, profonds de cinq mètres et taillés dans le roc. Ils entourent ainsi le bastion, cherchant une issue. et bientôt on les voit escalader ces formidables retranchements de neuf à dix mètres d'élévation sous le feu le plus meurtrier ; la fusillade, les bombes et les grenades éclatent de toutes parts ; les bataillons du régiment de Prago bordent les batteries ou garnissent leurs sommets avec les canonniers russes ; la mêlée est furieuse, l'acharnement extrême ; sous les pieds des combattants des parties de parapets effondrés s'écroulent et les entraînent ; les sapeurs du génie apportent des échelles servant de ponts et les établissent rapidement au travers des fossés ; bientôt elles sont franchies par le général Mac Mahon, le colonel Lebrun, son chef d'état-major, et tout ce qui restait de la brigade Decaen ; le champ de bataille se couvre de morts et de blessés ; le lieutenant-colonel Maussion du 7e, tombe percé d'une balle, mais partout les attaques réussissent, les parapets sont enlevés, le pavillon français est arboré sur la partie la plus élevée du bastion, en même temps que les aigles des zouaves et du 7e en couvrent les extrémités et signalent au loin la prise de Malakoff. Les Russes se retirent en combattant derrière la première ligne de leurs nombreuses traverses ; mais le colonel Colineau, des zouaves, quoique blessé dans le combat, s'empare de la communication centrale la plus directe comme la plus importante, entre la tour et la gorge de Malakoff ; il déborde la première traverse, et oblige les Russes à l'abandonner, pendant qu'une centaine d'entre eux, officiers et soldats, coupés dans leur retraite, se jettent dans le bas de la tour, s'y barricadent et y opposent une résistance opiniâtre.

Au même instant, six compagnies du 1er bataillon de chasseurs de la brigade Vinoy attaquaient avec impétuosité. Après avoir suivi le 7e de ligne dans les fossés de Malakoff, elles avaient prolongé ceux de la batterie Gervais, escaladé ses parapets élevés et vivement pressé le régiment de chasseurs du grand duc Michel Nicolaïewitch qui les défendait. Ce régiment, déjà ébranlé par les feux plongeants des soldats du 7e, maître des parapets de Malakoff qui le prenaient en flanc et à revers, ne put résister à cette nouvelle attaque ; il se retira sur la 2e ligne de défense où il fut rejoint par le régiment de Kostroma accourant à son secours.

Les deux dernières compagnies de chasseurs, ainsi que le commandant Gambier retenus par le général Vinoy, marchèrent sur la courtine avec la masse de la 2e brigade.

Cependant, le général Mac Mahon s'était porté sur la grande traverse enlevée par le colonel Decaen, et il avait ordonné l'attaque de la 2e ligne derrière laquelle les Russes avaient réuni toutes leurs forces ; ils opposèrent la plus vive résistance. En vain les zouaves, au centre, attaquèrent avec une extrême vigueur ; ils ne purent faire reculer leurs adversaires, et la lutte se prolongeait sans résultat lorsque apparut la brigade Vinoy.

Ce général prit immédiatement la droite des attaques, fit porter tout son monde le long de la face est de cette forteresse, et par son ordre les deux compagnies du 1er de chasseurs et le 20e de ligne, conduits par le colonel Orianne, engagent la lutte aussitôt. A une vive fusillade succéda une attaque à la baïonnette, et après quelques instants d'une mêlée des plus vives, les Russes, débordés sur la gauche, pressés sur toute l'étendue de leur front, se retirèrent derrière leur 3e ligne de traverse.

Réunis sur ce point, ils recommencèrent le combat avec une nouvelle énergie; des renforts leur étaient arrivés, ils en attendaient de plus considérables encore, et ils étaient, d'ailleurs, excités par le succès de leur 8ᵉ division, qui venait de reprendre le petit Redan.

A plusieurs reprises, ils tentèrent des retours offensifs, mais malgré leurs efforts, malgré quelques avantages contre des attaques partielles, débordés sur leur flanc droit par le 7ᵉ de ligne que venait d'entraîner le colonel Decaen, attaqués au centre par les zouaves, et sur leur gauche par le 20ᵉ et une partie du 27ᵉ, ils furent refoulés et obligés d'abandonner successivement la dernière grande traverse susceptible de défense ainsi que le magasin à poudre.

Après cette action si brillante, le combat se ralentit. De part et d'autre, on avait éprouvé de grandes pertes, usé beaucoup de munitions; elles commençaient à manquer et les troupes arrivaient lentement par des défilés étroits.

Les fortifications étaient plus étendues qu'on ne les avait supposées; des soldats étaient dispersés, en nombre assez considérable, dans ce labyrinthe inextricable de traverses en tous sens, de coupures, de places d'armes, d'amas de pièces et d'affûts brisés, où l'on ne pouvait faire un pas sans trouver des monceaux de morts et une foule de blessés, il fallait se rallier et accélérer l'arrivée de la gauche du 27ᵉ; en attendant les réserves que le général Mac Mahon faisait avancer en toute hâte; on n'en eût pas le temps; à peine nos soldats occupaient la face nord que de fortes colonnes russes, accourant de Karabelnaïa, du ravin d'Onschakoff et du côté des casernes, se précipitaient par l'étroite ouverture de la gorge de Malakoff, ramenant une cinquantaine de zouaves qui s'étaient compromis, et attaquaient la tête de colonne de la brigade Vinoy qui fut refoulée jusqu'aux traverses en arrière du magasin à poudre.

Sur ce terrain, la lutte s'engagea aussitôt avec furie : généraux, officiers supérieurs, et tous les officiers, l'épée à la main, se jetèrent dans la mêlée; le colonel Adam du 27ᵉ, déjà blessé au cou et le bras en écharpe, fut tué à la tête de son régiment, ainsi que le commandant Iratzoqui du même corps.

Le commandant Gambier des chasseurs et le colonel Orianne du 20ᵉ, furent mis hors de combat, ainsi qu'un grand nombre de ceux qui les entouraient.

Les Russes, de leur côté, montraient un acharnement extrême, repoussés un instant, ils revinrent à la charge, ralliés par un de leurs chefs, le général Gouféroff, qui avait succédé au lieutenant général

Krouleff, blessé, et au général major Lyzinka, atteint mortellement.

Frappé à son tour, il tomba mort au moment où une masse
énorme d'officiers de tous grades et de soldats succombaient autour
de lui sur ce champ de carnage.

Les Russes découragés commencèrent leur retraite ; la gorge était
resserrée et la batterie nord-est de Malakoff se trouvait encombrée de
pièces de campagne et de combattants, n'ayant d'autres issues que des
parapets à escalader et des fossés profonds à franchir ; mais le 27°
était entièrement réuni, et un dernier élan termina enfin cette lutte
acharnée. Le 7° de-ligne et les zouaves à gauche, le 20° et le 27° à
droite, arrivèrent pêle-mêle sur toute la face nord où était la gorge
dont ils s'emparèrent, et sur la traverse qui la couvrait.

Il était environ une heure et demie quand les Russes abandonnaient
Malakoff ; sa possession et celle de la batterie Gervais, qui contenait
24 bouches à feu, donnaient un total de 140 pièces parmi lesquelles :
11 en bronze et 40 brisées pendant le siége ; plus 2 à 300 prisonniers.
Une seule division de 199 officiers et 4,520 baïonnettes avaient été
engagées dans cette affaire, et non 30,000 hommes comme l'indique
le rapport russe, mais aussi ce fut au prix de la moitié de son effec-
tif que cette division obtint ce brillant succès. Or, si l'on retranche des
combattants les soldats employés à emporter les nombreux blessés, on
comprendra combien il restait peu de monde pour défendre et conserver une forteresse de 360 mètres de long sur 150 de large. Les cartouches manquaient, on avait usé celles des hommes tombés dans la
mêlée. La partie nord de Malakoff était étroite et d'un accès fort difficile ; les Russes, de leur côté, montraient une contenance qui présageait
une nouvelle attaque.

Embusqués à peu de distance, derrière les moindres accidents de
terrain et dans les masures les plus rapprochées, ils continuaient une
vive fusillade pendant que toutes leurs batteries et leurs frégates
à vapeur faisaient pleuvoir une grêle de projectiles dans l'intérieur
de Malakoff et y causaient ainsi d'affreux ravages. Si l'on portait ses
regards sur le pont de la grande rade, on voyait accourir du nord des
masses d'infanterie accompagnées de leur artillerie pendant que sur
le lieu même de la lutte des régiments étaient placés derrière leur
2° ligne de défense, à l'est comme à l'ouest, prêts à s'élancer au premier
signal, et que le versant nord entre cette forteresse et le faubourg
Karabelnaïa se couvrait de nombreuses colonnes russes serrées en
masse par bataillons.

Mais la brigade de réserve du général Wimpfen, guidée par le colonel Lebrun, chef d'état-major de la division, était accourue à découvert en dehors des tranchées qui auraient ralenti sa marche, et avait franchi le pont jeté par le génie sur la capitale du bastion de Malakoff.

Déjà le général Vinoy avait rallié l'aigle du 100e, ainsi que la 2e compagnie de voltigeurs de ce régiment, capitaine Bousquet, et le colonel Douay du 2e de voltigeurs de la garde lui avait amené son 3e bataillon.

Le général Mac Mahon ajouta à ces renforts trois compagnies des zouaves de la garde et fit relever la brigade Decaen qui avait beaucoup souffert, par celle du général Wimpfen de la division Camou composée des tirailleurs algériens (colonel Rose), du 3e de zouaves (colonel Polhès) et du 50e de ligne, sous les ordres du lieutenant-colonel Nicolas. Les tirailleurs algériens furent chargés de la défense de toute la face nord et de la traverse qui couvrait la gorge de Malakoff. Ils avaient à leur droite trois compagnies de zouaves de la garde, deux du 1er chasseurs embusqués dans les fossés et ensuite toute la brigade Vinoy qui, ayant resserré sa position, occupait la face est jusqu'à la courtine et dirigeait le feu le plus meurtrier contre les réserves russes. Les tirailleurs algériens étaient secondés par le feu incessant d'une batterie de petits mortiers de 15 centimètres, amenée sur ce point par le capitaine d'artillerie de Gouy.

A la gauche des tirailleurs s'appuyaient le 3e de zouaves, le 50e et le 7e de ligne; ces régiments garnissaient les parapets de la face ouest, ayant en avant, dans les fossés, trois compagnies du 2e de voltigeurs.

Cependant le général Mellinet, commandant la garde, avait successivement envoyé deux bataillons des 1er et 2e de voltigeurs, quatre compagnies du 2e régiment de grenadiers, indépendamment des zouaves, afin de soutenir les troupes qui combattaient dans Malakoff.

Le 1er régiment de zouaves de la brigade Decaen sortit seul de Malakoff avec l'ordre de réoccuper les positions qu'il avait au moment de l'assaut, de rentrer dans la forteresse, si la tour venait à sauter et de prendre position sur un débris.

Pendant que ces événements s'accomplissaient, des attaques meurtrières avaient eu lieu sur toute la ligne des forteresses russes. A notre droite, le 17e chasseurs à pied (commandant Ferrussac) le 57e de ligne (colonel Dupuis) et le 85e (colonel Javel) composant la brigade de Saint-Pol de la division Dulac, s'étaient élancés contre le redan Carénage et leurs colonnes s'en étaient brillamment emparées. Dans l'ivresse du succès, et comptant sur l'arrivée prochaine de la brigade Bisson, officiers et soldats, pour assurer leur conquête, se précipitent sur les pas des quatre bataillons d'Olonets qu'ils avaient culbutés et les poursuivent jusque dans le ravin d'Onschakoff, entre la Maison en Croix et l'église de Belostock, au milieu des masses profondes des réserves ennemies. Ils y sont assaillis par la mitraille des batteries masquées des 2e et 3e lignes russes et par la fusillade de leurs nombreux tirailleurs, au moment où arrivait la tête de la colonne Bourbaki de la division Lamotte-Rouge.

Cette brigade composée du 4e bataillon de chasseurs, commandant Clinchamp, du 86e de ligne, colonel Berthier, et du 100e, colonel Mathieu, était sortie de la sixième parallèle et de la place d'armes des carrières à 200 et 250 mètres de la courtine. Ces régiments avaient brûlé l'espace qui les en séparait; rien n'avait pu ralentir leur course, ni les trois lignes composées chacune de trois rangs de trous de loups, ni une pluie de boulets et de mitraille; leurs rangs éclaircis étaient rompus, mais la plupart des officiers et des soldats, arrivés dans les fossés, en avaient escaladé les parapets et s'étaient emparés des batteries de la longue courtine qui reliait Malakoff au petit Redan. Ils poursuivirent le régiment de Mouroum la baïonnette aux reins, et 7 ou 800 hommes des différents corps arrivèrent, hors d'haleine, à la 2e enceinte. Mais déjà les Russes faisaient avancer leurs réserves et la brigade fut aussitôt attaquée par les huit bataillons des régiments Svesk et Schüsselbourg.

Les corps en retraite s'étaient ralliés, ils avaient repris l'offensive, précédés par des troupes fraîches, et trois régiments ou douze bataillons de la division Sabaschinski, débouchèrent rapidement en colonne de la Maison en Croix, marchant sur le petit Redan, débordant la brigade Saint-Pol et menaçant sa retraite.

La position était fort critique, les officiers et les soldats les plus avancés du 57e étaient tués ou blessés.

Le colonel Dupuis, grièvement atteint, luttait héroïquement contre des forces accablantes ; les pertes étaient énormes. Le 57e, entouré d'ennemis, voulut pour la deuxième fois emporter son colonel du champ de bataille ; il fut inébranlable, et le lendemain son régiment, désespéré, le trouva entouré de morts, entièrement dépouillé et percé de coups de baïonnettes.

C'était un digne représentant de la terrible 57e demi-brigade. Ce régiment, ainsi que le 85e et le 4e bataillon de chasseurs, avait éprouvé des pertes sensibles. Le colonel Javel du 85e était tué, et, quand une partie de la brigade pénétra dans le Redan, elle le trouva rempli de morts, de blessés et profondément sillonné par des masses

de projectiles lancés des batteries de la Maison en Croix, de celles
du nord de la rade et des vapeurs russes le *Vladimir*, la *Chersonèse*
et l'*Odessa*. Ce point était miné, le bruit s'en répandit aussitôt, et les
efforts des officiers pour organiser la résistance furent impuissants.

A l'approche de la division russe, il fut abandonné ; le général
Saint-Pol était tué et, en même temps, la brigade Bourbaki, pressée
et débordée par des forces très-supérieures, se retirait avec son
général blessé et prenait en grande partie position en arrière de la
courtine, à la droite de la brigade Picard. Cette brigade, composée
du 15e, colonel Kerguern, et du 91e, colonel Picard, conduite par le
général de Lamotte-Rouge, était venue successivement en colonne par
bataillons prendre sa position de combat, sur la gauche de la courtine,
d'où elle repoussa toute la journée les efforts des Russes pour s'en
emparer.

Les malheurs s'accumulaient sur cette position du champ de
bataille ; les colonels Dupuis, Javel et le général Saint-Pol étaient
tués, et un éclat de bombe, frappant le général Bosquet, mettait sa vie
en péril et le forçait de s'éloigner au moment où sa présence était le
plus nécessaire. Le général Dulac, qui le remplaça, était malade et
le général Bisson, commandant la 2e brigade, fut blessé dans les
efforts qu'il fit pour reprendre le petit Redan.

Une autre attaque faite plus tard par le 15e de ligne, colonel Guérin,
le 96e, colonel Malherbes, et les chasseurs de la garde, commandant
Cornulier de Lucinière, eut d'abord un brillant succès ; mais des masses
de la réserve russe le firent échouer. Le général de Marolles fut tué et
les Russes restèrent maîtres du petit Redan et occupèrent la courtine
jusqu'à la poterne. Les pertes de part et d'autre avaient été considérables, et l'on continuait de se défendre dans les fossés, lorsque
deux bataillons du 1er voltigeurs de la garde, colonel Montera, débou-
chant au pas de course et en tirailleurs de la 6e parallèle, s'avancent
sur la courtine. Cette attaque réussit et les Russes se retirèrent dans
le petit Redan et derrière leur seconde enceinte. Le colonel Montera fut
tué : il était une heure.

Au même moment deux bataillons du 2e voltigeurs de la garde,
colonel Douay, se dirigèrent vers la partie ouest de la courtine où ils
prirent position, tandis qu'un bataillon du 1er grenadiers de la garde,
colonel Blanchard, débouchait de la 6e parallèle conduit par le colonel
Mellinet et se portait en colonne sur la courtine à l'appui du 1er régiment de voltigeurs. Un autre bataillon du 2e régiment de grenadiers,
commandé par le colonel Dalton, sous les ordres du général Pontevès,

débouchait également en colonne et se dirigeait sur la partie ouest de la courtine, entre la poterne et Malakoff. Deux bataillons de voltigeurs, quatre compagnies de grenadiers et les zouaves de la garde, avaient pris position dans Malakoff. A deux heures, toute la garde se trouvait en ligne prête à combattre.

Les Russes étaient toujours dans le petit Redan; ils rendaient dangereuse l'occupation de la courtine qu'ils dominaient et qu'ils prenaient d'enfilade en la couvrant de projectiles. Les morts, les blessés s'accumulaient sur les parapets et dans les fossés; une nouvelle attaque fut jugée nécessaire contre le petit Redan. Pour la soutenir, des colonnes de la garde se mirent en mouvement et deux batteries du 10ᵉ régiment d'artillerie, aux ordres du commandant Souty, partirent au trot et prirent position à peu de distance du fort entre la 6ᵉ parallèle et la ligne des trous de loups; mais à peine la 1ʳᵉ batterie avait-elle tiré quelques coups de canon qu'elle fut anéantie. Les hommes, les chevaux jonchent le sol, les caissons sont bouleversés et brisés par des explosions et par des volées de boulets, d'obus et de mitraille rasant la terre. Quelques chevaux seuls restent debout au milieu de ce chaos. La 2ᵉ batterie perdit moins de monde; elle put se retirer, suivie de deux pièces de la première. L'attaque n'eut pas d'autre suite et le feu continua des deux côtés avec la même énergie.

Au centre de la ligne, dans l'armée anglaise, une colonne de 1,700 hommes environ, composée de détachements de différents corps, était sortie de ses tranchées pour enlever le grand Redan. Elle avait 250 mètres à parcourir sous un feu écrasant. En franchissant cet espace, qu'elle couvrit de 300 hommes morts ou blessés, elle se dirigea sur la capitale de l'ouvrage russe, se jeta dans ses fossés profonds de plus de 5 mètres et en escalada les formidables retranchements. En vain le régiment de Vladimir se précipita à sa rencontre, en vain des compagnies des régiments Kamschatka et Yakoutsk se joignirent à lui, tous furent repoussés et se retirèrent derrière des traverses et des coupures d'où ils continuèrent la plus vive fusillade. Mais bientôt 8 à 10 bataillons les rejoignirent, la division Pauloff se trouva ainsi réunie tout entière. Contre une telle supériorité, le succès était impossible; la lutte continua cependant jusqu'au moment où les Anglais, réduits à une poignée de combattants, opérèrent leur retraite, encore firent-ils un dernier et suprême effort pour conserver ces retranchements qu'ils avaient si bravement conquis.

Ce combat inégal avait duré près de deux heures. L'intrépide colonne conduite par le colonel Vindham avait encloué un grand nombre de pièces de l'ennemi, ce qui facilitait un retour offensif, et surtout elle avait neutralisé entièrement toute la division Pauloff, dont les pertes furent considérables. Là, aussi, comme au petit Redan, le terrain occupé par les assaillants était complétement miné, et un plus long combat aurait pu entraîner un véritable désastre.

Cependant, à l'attaque de gauche, au signal convenu, vers deux heures, les colonnes de la division Levaillant, commandées par les généraux Couston et Trochu, se précipitaient tête baissée sur les deux lunettes, à droite et à gauche du bastion Central, sous une grêle de balles et de projectiles. Après une lutte très-vive, l'élan et la vigueur de ces braves soldats triomphèrent d'abord de la résistance de l'ennemi, et malgré les difficultés accumulées devant eux, ils pénétrèrent dans deux ouvrages ; mais les Russes, repliés dans des traverses successives, tenaient ferme partout.

Une fusillade meurtrière partait de toutes les crêtes ; des pièces démasquées au moment même et des canons de campagne amenés sur plusieurs points vomissaient la mitraille et décimaient les assaillants. Les généraux Couston et Trochu, qui venaient d'être blessés, avaient dû remettre leur commandement ; les généraux Rivet et Breton étaient tués ; plusieurs fougasses que l'ennemi fit jouer produisirent un moment d'hésitation ; enfin, un retour offensif fait par de nombreuses colonnes russes força nos troupes à abandonner les ouvrages qu'elles avaient enlevés, et à se retirer dans nos places d'armes avancées.

Nos batteries de cette partie des attaques, habilement dirigées par le général Lebœuf, auquel le contre-amiral Rigault de Genouilly prêtait comme toujours son concours si dévoué et si éclairé, modifièrent leur tir en l'activant, et forcèrent l'ennemi à s'abriter derrière ses parapets. Le général de Salles, faisant avancer la division d'Autemarre, préparait pendant ce temps une seconde et redoutable attaque, mais elle fut suspendue par ordre du général en chef, à l'occasion du dernier succès obtenu à Malakoff.

La même cause empêcha l'armée anglaise de renouveler son attaque contre le grand Redan, et d'y prendre une éclatante revanche.

La possession de Malakoff nous avait été de nouveau énergiquement disputée ; les Russes, encouragés par leurs succès au redan du Carénage, au grand Redan et au bastion Central, avaient voulu reprendre cette forteresse, ainsi que la batterie Gervais, ce qui leur eût assuré du même coup la possession de la grande courtine et une éclatante victoire ; mais on connaît déjà les dispositions rapidement prises par le général Mac Mahon aussitôt après la retraite de l'ennemi. A l'abri des parapets, de nombreux soldats attendaient impatiemment l'attaque des Russes, tandis que d'autres, embusqués dans les fossés, brûlaient de se mesurer corps à corps avec eux. Partout des réserves nombreuses de la garde étaient avantageusement placées; tout était prêt, l'ennemi ne se fit pas attendre.

Vers deux heures et demie, deux fortes colonnes russes se mirent en mouvement; l'une d'elles apparut sur la communication directe de Karabelnaïa à Malakoff. De nombreux tirailleurs couvraient ses flancs; elle ne tirait point afin de ne pas ralentir sa marche; elle avançait rapidement, tête baissée, la baïonnette en avant, faisant retentir l'air de ses houras enthousiastes et résolue à surmonter les obstacles qui étaient devant elle.

A son aspect, nos soldats préparent leurs armes, et le feu des tirailleurs algériens éclate sur la tête de la colonne; les rangs s'éclaircissent, mais ceux qui suivent remplissent aussitôt les vides et la colonne marche toujours. Cependant le feu redouble, tous les coups portent dans cette masse épaisse si rapprochée; des rangs entiers tombent et suspendent son mouvement; c'est alors que des officiers se jettent en avant et l'entraînent sur leurs pas. Un aide de camp de l'empereur de Russie, le capitaine Voieïkoff, de la garde, les précède un fusil à la main, il pénètre dans la gorge suivi des plus intrépides soldats, pour succomber enfin sous le feu et la baïonnette des tirailleurs algériens.

Mais d'autres Russes, en plus grand nombre, s'étaient précipités dans les fossés, où des gabions marquaient les logements creusés dans l'escarpe et la contreescarpe. Pour les en chasser, des bombes de 15 centimètres y sont lancées; elles éclatent au milieu des assaillants et leur causent de grands ravages; mais le feu prend aux gabions, il se communique à un approvisionnement de cartouches dont l'explosion fait écrouler une moitié de l'épaisseur du parapet et engloutit tout ce qui était dans le fossé.

En présence de tant d'audace et d'opiniâtreté, deux bataillons de la brigade Vinoy étaient accourus à la gorge pour en assurer la défense: leur secours fut inutile; les pertes éprouvées par la colonne russe, ses meilleurs officiers tués, le général Martineau blessé dangereusement, des amas de morts et de blessés couvrant le terrain, leur avaient fait comprendre enfin l'impossibilité du succès; après trois quarts d'heure environ du combat le plus sanglant, les Russes dispersés se retirèrent dans la position qu'ils avaient occupée avant l'attaque. En même temps que cette colonne ennemie s'était dirigée sur Malakoff, une seconde, composée de plusieurs bataillons, était sortie de la deuxième enceinte entre Malakoff et la grande caserne, et marchait sur la batterie Gervais pour s'en emparer. Elle était secondée par un bataillon détaché du grand Redan, chargé de prendre à revers les six compagnies de chasseurs français qui défendaient cette batterie. Ce bataillon, après avoir· franchi le profond ravin de Karabelnaïa, arriva audacieusement jusque dans les fossés et le long de la face extérieure des retranchements de la batterie et ne se retira qu'après l'insuccès de la principale colonne. Celle-ci avait défilé à peu de distance entre le ravin escarpé de Karabelnaïa et la longue face ouest de Malakoff, dont les parapets étaient occupés, comme nous l'avons déjà dit, par le 3ᵉ de zouaves, le 50ᵉ, le 7ᵉ de ligne et par trois compagnies du 2ᵉ régiment de voltigeurs de la garde placées dans les fossés.

Assaillie à peu de distance sur son flanc gauche et à revers par la terrible fusillade de ces régiments, elle le fut également sur toute l'étendue de son front par les balles des chasseurs, qui frappaient à coup sûr au milieu de cette masse profonde.

Entourée de feux, couvrant à chaque pas la terre de ses morts et de ses blessés, elle ralentit sa marche pour riposter, ce fut sa perte. Ses adversaires étaient nombreux, et ils la dominaient ; elle s'arrêta bientôt, puis, tourbillonnant sur elle-même, elle rentra après une longue résistance en désordre et mutilée, dans les ouvrages d'où elle était sortie.

C'est pendant ces tentatives désespérées que les Russes, enfermés dans la tour, résistaient toujours et refusaient de se rendre.

Pour les y contraindre, des soldats avait mis le feu à un amas de gabions et de débris qui en étaient rapprochés ; mais cette imprudence pouvait occasionner une explosion ; le général Frossard ordonna de l'éteindre, et c'est en fouillant la terre pour la jeter sur le feu que l'on trouva les fils électriques qui devaient faire sauter tout à la fois la tour et les nombreuses mines en avant de la forteresse. Un petit mortier de 15 centimètres fut apporté pour enfoncer la porte de la tour, ce qui eut lieu au troisième coup, et les Russes, entassés dans l'étroit espace du rez-de-chaussée, furent obligés de se rendre. C'est dans cette circonstance que fut tué le capitaine de Gouy, et que le lieutenant-colonel de Laumières de l'artillerie de la garde, ainsi qu'un assez grand nombre de soldats, furent blessés.

Au moment où les Russes avaient mis bas les armes et où, réunis à d'autres prisonniers, ils étaient dirigés hors de Malakoff, une effroyable détonation se fit entendre ; des masses de terre, des pierres, des projectiles tombèrent dans l'intérieur de Malakoff et y soulevèrent des tourbillons de fumée et de poussière ; les bombes, les

obus éclataient de toutes parts ; les pièces, les affûts étaient ren-
versés et les hommes écrasés sous les débris. Non loin de la tour,
le lieutenant-colonel Huguenet, de l'artillerie, était tué en même temps
que les Russes qui en sortaient. C'est là qu'au milieu d'une épaisse
poussière des soldats qui emportaient des blessés crurent que les
Russes avaient fait sauter la tour Malakoff. Alors des cris de ven-
geance se firent entendre, et des actes regrettables auraient eu lieu
sans l'intervention des officiers.

Mais le plus affreux spectacle était au magasin à poudre de la
grande courtine. Au lieu même de l'explosion, on voyait à l'entour
de nombreux cadavres défigurés, et dans le fossé étaient engloutis
deux cents officiers et soldats du 91e, sous un tel amas de débris,
que ce fut seulement le lendemain que l'on put retrouver le drapeau
du régiment.

Les grenadiers et les voltigeurs de la garde, placés le long de la
courtine, avaient éprouvé des pertes cruelles. Le colonel Montera
était tué, le général Mellinet et le colonel Blanchard avaient été blessés, et le général de Pontevès expirait à la suite de ses graves blessures.

Pendant qu'on emportait un grand nombre d'officiers, de soldats
et le général de Lamotte-Rouge, dans l'état le plus déplorable, les
Russes, qui étaient en dehors de cette atmosphère non respirable de
soufre et de salpêtre, crurent l'occasion favorable pour reprendre la
grande courtine ; ils marchèrent en avant avec résolution ; le moment
était suprême et le péril imminent ; mais tous les officiers et soldats
qui n'étaient pas entièrement hors de combat se portèrent sur le
parapet pour le défendre ; les Russes furent repoussés et les débris
de la division de Lamotte-Rouge, ainsi que la garde, restèrent enfin
les maîtres de cette courtine si longtemps et si vivement disputée.

Depuis le commencement de la bataille, les batteries du nord de
la rade, des vapeurs russes, celles de la Maison en Croix ainsi que
les pièces de campagne amenées sur les points les plus importants,
avaient couvert de projectiles les terrains occupés par les assaillants
et souvent atteint les Russes eux-mêmes ; mais 110 pièces du
plus gros calibre, armant les batteries françaises de la droite du ravin
du Carénage aux ordres du lieutenant-colonel Pélissier, de l'artillerie
de marine, foudroyaient et les batteries russes et les nombreuses
colonnes qu'elles appuyaient. Sous ce feu redoutable, les vapeurs
furent successivement désemparés : La *Chersonèse*, en détresse,
ayant été remorquée, resta abandonnée à la pointe de Sévernaïa ;
l'*Odessa*, plus maltraité encore, son arrière enlevé, son gouvernail

brisé, alla s'échouer à Soukaïa, de l'autre côté de la rade, et si le *Vladimir* et l'*Elborous* résistèrent plus longtemps, ils furent à la fin obligés de se retirer du combat, percés de boulets et dans un état presque désespéré.

Les colonnes russes, accablées dans les dernières attaques de Malakoff et de la batterie Gervais, s'étaient réfugiées derrière leur seconde ligne et sur le versant nord de Malakoff, leurs débris y furent cruellement sillonnés par les obusiers de 80 et les énormes mortiers des batteries de marine 20 et 21.

La bataille touchait alors à sa fin. Du côté des Russes, une forte colonne s'était arrêtée sur le pont et retournait en arrière vers le nord ; elle fut suivie de longues files de troupes et de bagages, s'éloignant du combat et gagnant, en toute hâte, la rive opposée. Sur toute la ligne le feu des ennemis diminuait rapidement, tandis que celui des alliés augmentait d'intensité et de précision.

Tout annonçait la retraite des Russes, néanmoins il était sage de ne rien donner au hasard en face des formidables moyens de résistance qui leur restaient encore et de l'indomptable énergie qu'ils avaient montrée jusqu'au dernier moment. Aussi les alliés continuèrent-ils leurs dispositions contre des retours offensifs, ou dans l'expectative de nouveaux combats qui auraient pu être livrés le lendemain.

Mais la nuit venue, les Russes commençaient leur œuvre de destruction : au bruit de l'artillerie se mêla bientôt celui des explosions, 35 magasins à poudre sautaient successivement, les édifices, les établissements publics, les défenses, s'écroulaient ou disparaissaient au milieu d'un vaste incendie ; tout était brisé, renversé ou volait en éclats ; enfin, dans le redan des Anglais, comme dans le petit redan, tous les deux théâtres de tant de carnage, des mines éclataient avec fracas, semant au loin d'affreux débris et des cadavres mutilés.

« Le lendemain, 9 septembre, le soleil en se levant éclaira cette
« œuvre de destruction qui était bien plus grande encore que nous
« ne pouvions le penser. Les derniers vaisseaux russes, mouillés la
« veille dans la rade étaient coulés, le pont était replié, l'ennemi
« n'avait conservé que ses vapeurs qui enlevaient les derniers fugi-
« tifs et quelques Russes exaltés qui cherchaient encore à promener
« l'incendie dans cette malheureuse ville. Mais bientôt ces quelques
« hommes, ainsi que les vapeurs, furent contraints de s'éloigner et
« de chercher un refuge dans les anses de la rade. Sébastopol était
« à nous. »

BATAILLE DE SOLFERINO

Exposé en 1865

(Voir la note de la fin.)

Le succès des panoramas militaires, fondés par le colonel Langlois, dans les circonstances que nous avons indiquées, fut immense à Paris, en province et à l'étranger. Telle fut, dès son inauguration, la popularité de ce spectacle, jusque-là entièrement inconnu, qu'un peu plus tard ceux qui l'avaient déjà vu disaient aux personnes que leurs affaires ou leurs plaisirs appelaient dans la capitale : — « Surtout ne revenez pas sans avoir vu le Panorama des Champs-Élysées ; c'est une merveille qui ne se voit que là, puisqu'aucun autre pays du monde ne possède rien de semblable. »

Ce fut ainsi que la réputation des Panoramas militaires, grandissant toujours, attira l'attention générale, et aboutit, en 1859, à la formation d'une Société par actions, composée d'illustrations de l'armée et de hauts fonctionnaires de l'ordre civil, qui, sous la direction du colonel Langlois, eut pour objet de continuer l'œuvre de l'éminent artiste, en exposant des panoramas destinés à représenter les grands événements qui sont l'honneur et la gloire de la France.

Cette Société établit son siége dans le bâtiment, construit exprès, aux Champs-Élysées par la ville de Paris, et débuta par y exposer, en 1860, le panorama du siége de Sébastopol, de date toute récente à cette époque. Cette exposition fut suivie de celle de la bataille de Solferino, qui eut lieu en 1865, et dont le succès durait encore lorsqu'en 1870 il fut interrompu par le siége de Paris.

Des spectateurs par centaines de mille ayant visité naguère encore ces deux panoramas, nous croyons pouvoir nous abstenir d'en reproduire ici l'explication tant de fois, d'ailleurs, donnée au public par ceux-là même qui avaient été témoins et acteurs dans les glorieux combats qu'ils représentaient avec tant d'exactitude et de fidélité historique. Les généraux, les officiers et les soldats qui avaient fait la campagne de Crimée se croyaient encore sur les éminences des positions des armées alliées et voyaient se dérouler à leurs yeux le tableau imposant et animé de Sébastopol, la place de guerre formidable, avec la mer et les montagnes qui l'environnaient.

Il en était de même de la bataille de Solferino, et voici un exemple, entre mille, de l'exactitude parfaite dont nous venons de parler :

— Un vieux soldat, voltigeur au 2ᵉ régiment de la garde, blessé à Solferino, et devenu depuis l'ordonnance de son colonel, avait été envoyé par ce dernier de Courbevoie à Paris, pour obtenir des billets à prix réduit, que le colonel Langlois était dans l'habitude d'accorder aux militaires, pour leur faciliter les moyens de conduire leurs parents au Panorama.

Le voltigeur dont il s'agit attendait la réponse à la lettre de son colonel, et, pendant qu'on la préparait, il avait été autorisé à visiter le Panorama, lorsqu'en apercevant un bataillon de la garde en marche dans le chemin qui, passant au pied de la tour de Solferino, conduisait au village de ce nom, il s'écria : — « Voilà le bataillon dont « je faisais partie, et voilà l'endroit où j'ai été atteint d'un coup « de biscaïen, qui m'a cassé la cuisse droite. J'allais être écrasé par « les voitures de l'artillerie qui s'avancent au galop de ce côté, lors- « que je fus relevé par mes camarades, qui me transportèrent dans « cette ferme que l'on voit à droite, à l'entrée du village. Là, je fus « déposé sur de la paille, dans une grange, à côté d'autres soldats « français et autrichiens, blessés comme moi ; mais il n'y faisait « pas bon, car il y pleuvait des balles et des boulets. »

Chose à remarquer : — la photographie avait reproduit jusqu'aux écorchures et dégradations faites aux murs de la grange par les projectiles dont elle avait été atteinte pendant le combat.

Or, nous le demandons : Sur quels tableaux de bataille aurait-on jamais vu autrefois un soldat donner des détails aussi précis et témoignant d'une exactitude aussi positive des lieux et des choses ? — Non cela n'était pas possible. Ces tableaux, même ceux des plus grands maîtres, — ne pouvaient, avant l'innovation due aux recherches persévérantes du colonel Langlois, représenter, comme on le sait généralement, et ainsi que nous l'avons déjà dit, qu'une faible partie des troupes engagées dans l'action et du terrain sur lequel les corps d'armée avaient combattu. — Mais, dès lors, où était donc la vraie bataille ?

Voici, du reste, un résumé exact des appréciations aussi judicieuses que remarquables faites au sujet des Panoramas militaires.

Les grandes inventions humaines qui sont un témoignage du génie, telle que les applications de la vapeur et de l'électricité, ou tels que les ponts hardis jetés sur les précipices, etc., produisent sur le spectateur un sentiment qui est la surprise, l'étonnement : —

les œuvres de la nature donnent seules l'admiration. La surprise
est bruyante, tandis que l'admiration est silencieuse, recueillie,
muette, en quelque sorte.

Le paysan qui, pour la première fois, voit la vallée sillonnée par de
rapides locomotives, éprouve une vive surprise qu'expriment les
gestes et la voix. — Mais le voyageur qui découvre les chutes du
Niagara ou les glaciers de la Suisse, reste immobile d'admiration.
L'œuvre divine ou naturelle plonge l'âme dans les profondeurs de la
pensée.

Eh bien! les panoramas militaires du colonel Langlois produisent en même temps la surprise et l'admiration. On a devant soi une
œuvre grandiose, sortie de la main de l'homme, et l'on a aussi la
nature, l'air, l'espace, le ciel, les arbres, la terre avec ses plaines
et ses monts. Le regard plonge et se perd dans l'horizon, et dans
ses brumes comme aux plans les plus rapprochés, l'homme se
meut et s'agite.

Quel qu'il soit, le spectateur, en arrivant sur la plate-forme, cesse
brusquement toute conversation. Saisi de surprise et d'admiration,
il jette autour de lui un rapide coup-d'œil et semble se recueillir.

Nul ne saurait échapper à cette puissance qui nous domine tous.
Les officiers, les généraux eux-mêmes qui ont été glorieux acteurs
de ces grandes luttes de nation à nation, sont comme des femmes
timides, arrêtés court par le regard.

Le recueillement est donc la première sensation.

Les mots de la langue sont impuissants pour exprimer ce que l'on
voit. — Ce n'est pas un tableau, car tout tableau a un cadre; ce n'est
pas une bataille, car toute bataille est bruyante. — Ne serait-ce
pas un immense drame dont le théâtre serait l'espace en plein air
sur lequel se déroule la scène muette, mais animée, que l'on a sous les
yeux dont les acteurs seraient les armées en présence et dont le
spectateur serait la postérité?

Si, lorsque la bataille est dans toute son énergie, une puissance
surhumaine faisait entendre le commandement : halte! comme cela a
lieu à la manœuvre; si ce commandement divin dominait une étendue
de plusieurs lieues; si des centaines de mille hommes y obéissaient,
on aurait, en réalité, ce dont les panoramas militaires du colonel Langlois sont la parfaite image.

Les lignes qui précèdent résument, avec un grand bonheur d'expression les travaux artistiques auxquels le colonel Langlois se livra
pendant quarante années de sa vie, dans le but patriotique de perpétuer, par le souvenir et la tradition, la gloire militaire de la France.

Malgré son âge avancé, il conserva jusqu'à sa mort (1) toute la lucidité de son esprit.

Instruit et modeste, loyal et chevaleresque, il émerveillait ceux qui l'approchaient et ceux qui vivaient dans son intimité, au récit des souvenirs de sa vie militaire si intéressants, si instructifs, et si empreints de la vérité qui était dans son âme, les militaires du rang le plus élevé le vénéraient, et le maréchal Niel, auquel il reprochait un jour avec une courtoisie exquise de l'avoir prévenu par sa visite, au lieu d'attendre la sienne, lui répondait en lui serrant affectueusement la main : — « Colonel Langlois, lorsque les hom-« mes de notre époque sont assez heureux pour venir se retremper « à la source du dévouement et de l'honneur militaire dont vous « êtes le type fidèle, ils s'en trouvent toujours honorés, si élevée « que puisse être leur position et si modeste que soit la vôtre. »

Pendant son séjour en Russie, comme attaché militaire à l'ambassade du maréchal Maison, le colonel Langlois (alors chef d'escadron d'état-major), fut, de la part de l'empereur Nicolas, qui était, comme l'on sait, grand admirateur du génie de Napoléon Ier, l'objet des attentions les plus distinguées, des prévenances les plus délicates, s'adressant au soldat fidèle, à l'ex-capitaine au 1er régiment de grenadiers à pieds de la Vieille-Garde, de si héroïque mémoire, l'empereur voulut se l'attacher en qualité d'aide de camp, avec le grade élevé d'adjudant général.

Le colonel remercia l'Empereur de son offre généreuse, mais il dit que puisque ses sentiments étaient si bien appréciés par Sa Majesté, elle devait comprendre qu'il ne voulait et ne pouvait servir que la France.

Les amis et les admirateurs du vénérable colonel dont l'âme était si éminemment française, ne peuvent se rappeler sans émotion ce qu'il y eut de providentiel dans sa mort : — Il touchait à la fin de sa carrière, lorsque Dieu, comme s'il eût voulu lui épargner une grande et suprême douleur, le retira de ce monde à la veille du jour fatal où devaient s'accomplir les désastres de la patrie !

---

(1) Le colonel Langlois mourut à Paris, le 23 mars 1870.

ORIGINE DES PANORAMAS

APPENDICE

A LA

BIOGRAPHIE DU COLONEL LANGLOIS

Fondateur et Auteur des Panoramas militaires

Depuis l'époque du Consulat, où les panoramas parurent à l'entrée du passage auquel ils donnèrent leur nom, ils furent l'objet d'une curiosité et d'un intérêt soutenus; leur agrandissement progressif, les perfectionnements de la peinture et la représentation de sujets d'un plus haut intérêt que celui que pouvaient offrir de simples vues de villes ou de capitales, firent naître quelquefois l'admiration et souvent les émotions les plus profondes; mais toujours aussi ils furent l'objet de controverses plus ou moins vives et des croyances les plus étranges.

L'illusion complète que faisaient naître différentes parties de ces vastes tableaux, les transformations de la lumière extérieure se reproduisant sur la peinture comme dans la nature elle-même, ont fait croire à l'emploi de réflecteurs ou de transparents. Oubliant que l'on est en plein jour, on a été chercher des analogies dans des jeux d'optique et de lumière qui ne peuvent avoir que dans la nuit leur prestige et leur éclat.

C'est ainsi que des hommes de beaucoup d'esprit, des peintres de grand talent, des savants distingués et même des membres de l'Institut, ont été induits à se croire le jouet d'une illusion factice, et à en chercher la cause là où elle n'est pas et où elle ne peut pas être.

Tout est beaucoup plus simple : — Il n'y a, il ne peut y avoir et il n'y a jamais eu dans le panorama aucun réflecteur, aucun moyen d'optique quelconque.

Pour s'en rendre compte, il suffit de remonter à l'origine des panoramas, aux moyens d'exécution, à la marche progressive, aux changements et aux améliorations dont ils ont été l'objet jusqu'à ce jour. — Et d'abord voyons à qui revient l'honneur de leur découverte, revendiquée de nos jours par plusieurs nations.

A l'époque où les deux rotondes du passage des Panoramas et du boulevard des Capucines existaient encore ; alors que les Panoramas de Prévost servaient de modèles à ceux que l'on élevait dans quelques capitales de l'Europe, il était reconnu que la découverte était américaine, qu'elle avait été importée par Fulton, d'abord, en Angleterre, où il s'était associé un peintre nommé Barker, ensuite, en France, où il faisait en même temps connaître la découverte de la propulsion des bâtiments par la vapeur, dont il était lui-même l'auteur.

De ces deux découvertes apportées par Fulton, celle de la propulsion par la vapeur fut rejetée en France, malgré l'appui du premier Consul, comme elle l'avait été en Angleterre ; la seconde, au contraire, fut admise et eut un plein succès. Le brevet d'invention de Fulton fut acheté par un M. Tayer, riche américain, qui fit construire les deux rotondes entre lesquelles s'éleva bientôt, comme nous venons de le dire, le passage des Panoramas. La surprise et l'admiration furent extrêmes à la vue des toiles qui y furent exposées, et un problème cherché par les peuples qui s'occupent le plus des beaux-arts se trouvait résolu dans le pays qui, à cette époque, paraissait leur être le plus étranger.

Or, cette découverte ne fut le résultat ni d'études savantes, ni même, à vrai dire, de recherches quelconques ; comme beaucoup d'inventions humaines qui, en se perfectionnant, ont étonné le monde, elle eut pour cause primitive un simple caprice du hasard.

En 1792, alors que la Terreur remplissait les prisons de victimes destinées à l'échafaud, un jeune homme d'un extérieur distingué suivait un jour à cheval la grande avenue des Champs-Élysées, lorsqu'une voix, partant d'un groupe composé d'hommes à figures sinistres, jeta le cri : — A la lanterne ! — Et aussitôt, avant d'avoir eu le temps de se reconnaître et de chercher son salut dans la vitesse des jambes de son cheval, le malheureux jeune homme, saisi au corps, fut précipité à terre, attaché au cou avec une corde, et pendu à la branche de l'arbre le plus voisin.

Cependant, indignées de cet acte d'atroce barbarie, commis sur un passant inoffensif que l'on ne connaissait pas, que l'on n'avait même, sans doute, jamais vu, des femmes se précipitèrent sur les assassins avinés qui en étaient les auteurs, parvinrent à les contenir, et délivrèrent leur victime.

Quelques jours après, le jeune homme dont il s'agit, qui appartenait à une famille des plus honorables, quittait la France et s'embarquait pour l'Amérique. Arrivé à New-York, il chercha dans les arts du dessin et de la peinture, qu'il avait jusque-là cultivés pour son agrément, des moyens d'existence. — Il fit, dans cette intention, la connaissance d'un peintre voyageur qui, comme tout jeune artiste, était un jour parti pour de longues excursions, parcourant les villes, les champs et les villages, faisant des portraits quand l'occasion s'en présentait, courant à la recherche des beautés de la nature dont le Nouveau-Monde est si rempli, escaladant les montagnes pour jouir des horizons infinis, affrontant les périls de toutes sortes, remplissant ses cartons des merveilles qu'il rencontrait, et qui était ensuite revenu à New-York le cœur plein d'espérance, ayant devant lui le mirage si souvent trompeur d'un nom illustre et de la fortune.

Son espoir ne se réalisa pas, et un jour ce fut un logement à la prison pour dettes que lui donnèrent ses créanciers. Or, comme cette prison était fort remplie, on ne trouva pour lui qu'une espèce de cave obscure où, dans un coin, quelques rayons d'une lumière blafarde étaient tamisés par les grilles épaisses d'un soupirail donnant sur une cour.

Après une vie ardente, aventureuse, au soleil et au grand air, cette situation était amère et cruelle. Un ami, pourtant, obtint la permission de voir de temps en temps le reclus, et c'était à ce soupirail que s'échangeaient leurs chagrins et leurs pensées.

Un jour, cet ami ne vint pas, et il en fut de même le lendemain ! — Ce n'étaient donc plus des hommes d'argent, c'était un ami qui l'abandonnait ! — Son cœur en fut froissé.

Le troisième jour, à l'aide d'un mauvais bout de chandelle, il écrivit une lettre furieuse sous l'empire des passions qui l'obsédaient.

Calmé un peu par le débordement de bile que l'encre et la plume avaient jeté sur le papier, il le fut plus encore par l'arrivée inattendue de son ami, qui lui raconta sans s'arrêter toutes ses courses, ses démarches, ses déboires et lui fit part de quelques espérances.

— C'est égal, lui dit le prisonnier, j'ai trop souffert! aussi l'ai-je écrit une fameuse lettre que je vais te donner. — Et courant ausitôt la chercher, il l'apporta toute ouverte sous les grilles de ce soupirail qui, dans l'origine, lui avait causé tant de répulsion et d'horreur.

Prêt à donner sa lettre, il s'arrête! ses yeux, accoutumés à l'obscurité la lisaient parfaitement. Il ne revenait pas de son étonnement et il y voyait beaucoup mieux qu'avec la lumière dont il s'était servi. Il réfléchit : non, dit-il, je ne te donne pas cette lettre aujourd'hui ; mais viens demain, j'aurai, peut-être, quelque chose de curieux à te dire.

Après le départ de son ami notre peintre, plongé dans ses réflexions, tournait et retournait cette lettre dans l'échancrure du soupirail. Elle était toujours parfaitement lisible. Il en fut de même d'un dessin. D'une main ferme il dessina et écrivit toujours avec le même succès.

S'il y avait, se disait-il, des soupiraux autour de la cave, les dessins placés sur la muraille au-dessous, seraient donc parfaitement visibles. Mais dans les angles? On éviterait la difficulté avec un cirque.

La chose devenait simple. Le spectateur au centre et dans l'obscurité, la muraille circulaire couverte de dessins et de peintures, éclairée par des soupiraux, ou mieux par des châssis ou des tabatières, assurait la possibilité d'utiliser les nombreux dessins qu'il avait faits. Le reste était un détail, et le lendemain il put accueillir l'arrivée de son ami par le cri joyeux d'Archimède : J'ai trouvé !

Et le surlendemain, les créanciers désarmés écoutaient les projets basés sur les convictions profondes de l'enthousiaste, et s'associaient à lui... pourvu que cela ne fût pas trop cher.

Ainsi se fit la découverte des Panoramas, et voilà aussi comment la fortune se joue de nos espérances et parfois de nos désespoirs.

Les détails qui précèdent ont été racontés à Paris, en 1830, au colonel Langlois, par M. De Boisfremont, qui, à l'époque de son séjour à New-York, avait été, pendant quelque temps, le collaborateur de l'artiste peintre auquel furent infligées les tribulations dont on vient de lire le récit.

Or, ce M. de Boisfremont n'était autre que le jeune cavalier qui, en 1792, au temps de la Terreur, avait été miraculeusement sauvé par des femmes, au moment où l'on venait de le pendre à un arbre des Champs-Élysées.

PANORAMAS MILITAIRES

A la suite de la découverte primitive, — on pourrait dire acci-
dentelle — dont nous venons de parler, le gland ne tarda pas à
devenir chêne. Importée en Europe, cette découverte grandit, se
perfectionne comme le font toutes les inventions humaines, et de
progrès en progrès, finit par arriver à une grande popularité. Or,
parmi les améliorations et les transformations dont elle fut l'objet,
il faut citer, en première ligne, les panoramas militaires dont le
colonel Langlois fut le fondateur.

A partir de cette heureuse innovation, les panoramas ne parlèrent
plus seulement aux yeux, comme le faisaient les panoramas de nature
morte d'autrefois, ils s'adressèrent aussi à l'esprit et à la pensée, et
ils eurent, en outre, le mérite d'être instructifs, car, à la leçon d'histoire
en action et à l'illusion complète qu'ils offraient aux regards du spectateur, venait se joindre l'idée exacte, comme la nature elle-même,
de la contrée ayant servi de théâtre à l'action représentée sur la toile.
— C'est ainsi que quiconque a vu le panorama de l'incendie de Moscou et celui de la bataille des Pyramides, par exemple, a vu l'incom-
parable ville de Moscou, avec ses dômes dorés et ses riches palais ;
le Caire, le Nil et les plaines de l'Égypte, avec les pyramides de
Gisèh.

Nous avons déjà parlé de ces avantages dans les descriptions que
nous avons données des panoramas militaires ; terminons par des
extraits de notes intéressantes, formulées par le colonel Langlois
lui-même, peu de temps avant sa mort, avec toute l'autorité de sa
haute expérience.

Il existe, au sujet des panoramas, une erreur généralement

accréditée. Elle est étrange, inconcevable, cependant, elle persiste et il est utile de la détruire.

D'après cette erreur, l'immensité d'espaces sans limites serait produite par des verres grossissants ou par des effets d'optique quelconques.

Or, rien de semblable n'existe ni ne saurait exister, lors même qu'on en voudrait faire l'application au panorama.

Ce qui produit cet immensité, c'est d'abord la grandeur du tableau, qui, ayant près de quinze mètres de hauteur et cent vingt-deux mètres de circonférence, mesure environ dix-huit cents mètres carrés de superficie, et qui couvrirait, s'il était développé, un édifice à quatre étages, ayant cent vingt-deux mètres de façade.

Les premiers plans de ce tableau, comme les figures et les divers objets qui y sont représentés, sont de grandeur naturelle et se réunissent à la nature réelle, de manière à se confondre souvent avec elle.

Nous venons d'indiquer la grandeur de la toile du panorama : elle est circulaire, sans solution de continuité, et dans une position verticale ; de fait, c'est un hyperboloïde de révolution, ce qui rend la perspective beaucoup plus difficile.

La peinture du Panorama est celle de tous les tableaux d'histoire, mais elle a de plus grandes exigences, car il faut à la toile une préparation spéciale, l'emploi de couleurs le plus inaltérables possibles à l'action de la lumière : il faut accorder mathématiquement les dessins donnés par la chambre obscure ou la photographie. — Enfin, la puissance et la vérité du coloris, l'union parfaite de la perspective linéaire avec la perspective aérienne : — voilà les premiers éléments de l'illusion produite.

Il est nécessaire aussi d'y joindre de longues et consciencieuses études de la nature et des effets de la lumière, faites sur les lieux mêmes que l'on veut représenter, le choix d'une grande bataille, glorieuse et populaire tout à la fois, et autant que possible honorable aux vainqueurs et aux vaincus ; la recherche de la vérité ; la détermination, toujours difficile, du point d'où l'on pourra le mieux comprendre et l'ensemble et le moment décisif de la bataille ; voilà encore des données auxquelles il faut nécessairement satisfaire.

Ainsi, l'art, la science, la vérité, l'étude constante des splendeurs variées de la nature, le concours nombreux d'artistes d'un grand talent, ne négligeant rien et perfectionnant sans cesse, jusqu'à ce que l'on obtienne l'illusion ou, du moins, un puissant relief ; avoir toujours pour guide la religion de la patrie et le culte de ses gloires impérissables ; voilà les seuls moyens d'illusion qui ont fait le succès de huit panoramas de batailles et de siége, et s'ils ont été loués et exaltés par tous les partis, c'est qu'ils portaient l'empreinte du sentiment qui les avait inspirés.

Atteint de la maladie qui l'a enlevé à l'affection de sa famille et de ses amis, deux semaines après avoir terminé cet écrit, M. Bourseul n'a pas cru devoir ou n'a pu donner la description du siége de Sébastopol et de la bataille de Solferino.

Cette abstention, qu'il explique, comme on le verra dans le dernier chapitre de son travail biographico-historique, en ce que « des centaines de mille de spectateurs encore existants ont visité ces magnifiques productions du colonel Langlois, » nous paraît regrettable, et, d'ailleurs, contraire au plan que s'était tracé l'auteur lui-même. En effet, ce travail ne s'adresse pas seulement à ceux qui ont visité les panoramas, mais à tous, à ceux-là surtout qui ne connaîtront les travaux du colonel Langlois qu'en lisant sa biographie.

Nous croyons donc qu'il est utile et intéressant de donner ici la description des panoramas de Sébastopol et de Solferino, formant le complément des travaux du colonel Langlois dans ce genre.

L.

Paris, imprimerie Paul Dupont, rue Jean-Jacques-Rousseau, 41 (1048.12.3.)